LA MAISON DE MATRIONA

suivie de

L'INCONNU DE KRETCHETOVKA

et

POUR LE BIEN DE LA CAUSE

ŒUVRES D'ALEXANDRE SOLJENITSYNE

DANS PRESSES POCKET :

LE PAVILLON DES CANCÉREUX

LA MAISON DE MATRIONA

ALEXANDRE SOLJENITSYNE
Prix Nobel de Littérature 1970

LA MAISON DE MATRIONA

suivie de

L'INCONNU DE KRETCHETOVKA

et

POUR LE BIEN DE LA CAUSE

Traduit du russe par Léon et Andrée Robel
Préface de Léon Robel

JULLIARD

ISBN 2-266-01187-1

PRÉFACE

IL faut savoir saluer les miracles. Les saluer à temps. N'attendons pas un siècle pour reconnaître celui-ci. Je n'engage certes que moi, mais je tiens à honneur de dire très fort que nous tenons ici une œuvre de la taille d'un Dostoïevski, d'un Tolstoï. Et, à certains égards, plus importante peut-être.

Un des maîtres de la jeune prose russe actuelle me confiait, il y a peu : « Après Soljenitsyne, nous ne pouvons plus nous permettre d'écrire comme nous écrivions avant. »

Les circonstances dans lesquelles on a connu en occident Une journée d'Ivan Denissovitch *ont pu masquer la grandeur littéraire de l'auteur. C'était tellement « sensationnel » que les journalistes ont réduit cette œuvre majeure de notre siècle à la valeur de témoignage ; de témoignage frappant, extraordinaire, mais de témoignage seulement. Et la hâte de vendre du papier à tout prix a conduit à ces condensés, à ces* re-writings *des magazines à grand tirage où l'œuvre perdait son visage.*

Soljenitsyne n'est pas un journaliste avide de sensation. Soljenitsyne n'est pas non plus un témoin à la barre du tribunal de l'Histoire.

Soljenitsyne est un grand écrivain de Russie et de notre temps, et donc une grande conscience.

Mais j'y reviendrai.

De grâce, n'allez pas prendre La Maison de Matriona *pour un pamphlet sur les kolkhozes. Ni pour un essai ethnographique. Ni pour un traité d'agriculture soviétique. C'est de beauté qu'il s'agit là et de l'homme. De nous.*

Les traducteurs sont des gens malheureux et heureux. Ils sont heureux de faire connaître au lecteur français une œuvre d'aussi considérable importance et de si grande beauté. Mais ils sont malheureux de ne pouvoir dire à tous : « Lisez Soljenitsyne dans le texte russe ! », malheureux d'avoir dû consentir à tant sacrifier de sa saveur originale pour le mettre en français.

C'est que Soljenitsyne est un prodigieux maître du verbe. Les caractères, les sensations, les nuances les plus ténues de l'âme humaine, il sait les faire éprouver à travers les inflexions du langage.

On a appris qu'il vit retiré en province, à Riazan, où il enseigne les mathématiques. Qu'il refuse de recevoir les journalistes. Qu'il n'a pas le goût de la gloire tapageuse.

Cela a suffi pour que certains soient tentés de faire de Soljenitsyne un apôtre de la vie rustique. Et puisqu'il possède à fond la langue populaire et connaît son Dahl *(qui est le Littré des Russes) dans les coins, on a voulu voir en lui un passéiste, une manière de néo-slavophile négateur de la vie moderne, du monde de la ville et de l'industrie.*

Mais…

Soljenitsyne ne fait pas dans l'archéologie ni dans le folklore. Il n'enregistre pas le langage des champs. Il écrit en Soljenitsyne. Et c'est un russe plein, pittoresque, juteux, musclé qui, admirablement, retrouve les cheminements, les inventions, la verve de la langue du terroir (hélas ! le traduire c'est vouloir vous apporter la source dans son poing).

Mais encore…

Que l'on lise Pour le bien de la cause *et l'on s'apercevra que Soljenitsyne sait aussi bien écouter la jeunesse étudiante, qu'il n'est pas moins habile à restituer le langage contemporain de l'école, des bureaux, des chantiers, des hommes politiques, des gestionnaires (et la vie, les idées, les sentiments modernes).*

D'ailleurs, à y regarder de plus près, dans Ivan Denissovitch *aussi, à travers le large flux de langage paysan recréé (parce que tout était vu dans cette histoire par les yeux du personnage principal, un paysan tout simple) passaient d'autres courants de style et l'on y entendait très distinctement la voix de personnages très divers : ouvriers, policiers, simples soldats, officiers, intellectuels, gens de différentes nationalités. J'ai longuement insisté sur cette suprême aptitude de Soljenitsyne à entendre le langage des hommes de son pays et à en nourrir sa création littéraire parce que c'est ce qui apparaîtra nécessairement le moins au lecteur de traductions et aussi (et surtout) parce que cet aspect si important de son œuvre a été complètement ignoré de la critique occidentale et parfois négligé par la critique russe elle-même.*

Mais la Russie a aujourd'hui d'autres virtuoses de la langue littéraire.

Qu'est-ce qui fait donc la prééminence de Soljenitsyne dans la littérature russe contemporaine, son extraordinaire influence sur ses confrères, cette action puissante qu'il exerce sur les lecteurs? La modestie du vrai courage. La retenue de ton. La gravité. Le goût infini de la vérité. L'art de dire le plus difficile. Et un cœur plus grand que tous les malheurs.

Rien ne peut être plus de notre temps que cette œuvre d'implacable franchise et de contagieuse bonté; de vision aiguë du mal et de confiance sans bornes dans les hommes.

Nombreux sont ceux qui pourraient aujourd'hui reprendre, en songeant à Soljenitsyne, le mot de Tchékhov à propos de Tolstoï : « Lui existant, il est plus facile de vivre et de créer. »

Léon ROBEL.

LA MAISON
DE MATRIONA

AU kilomètre cent quatre-vingt-quatre, plus d'un an et demi après, les trains ralentissaient, avançaient comme à tâtons. Les voyageurs collaient le nez à la vitre, envahissaient les soufflets : qu'est-ce qui se passe, on répare la voie ? On n'a pas respecté l'horaire ?

Mais non. Passée la section, le train reprenait de la vitesse, les voyageurs regagnaient leur place.

Seuls les mécaniciens savaient, se rappelaient la raison de tout ça.

Et moi.

1

L'été 1953, je revenais d'un désert brûlant et poussiéreux, au jugé, en Russie tout bonnement. Pas un coin où l'on m'attendît, m'appelât : je m'étais attardé une petite dizaine d'années, alors... Ce que je voulais, c'était simplement les régions du centre, point de chaleur, et le feuillage mugissant des forêts. Je voulais m'enfoncer et me perdre dans les entrailles mêmes de la Russie — s'il en est.

De ce côté-ci de l'Oural, un an plus tôt, je n'aurais guère trouvé à m'embaucher que pour porter des bards. On ne m'aurait pas pris sur un chantier conséquent, même comme électricien. Or, moi, ce qui m'attirait, c'était l'enseignement. Les gens au courant me disaient qu'il ne valait pas la peine de faire la dépense du billet, que ça serait un voyage pour rien.

Mais les choses commençaient déjà à bouger. Lorsque j'ai monté l'escalier de l'Académie d'X et que j'ai demandé où était le service du personnel, j'ai vu avec étonnement que « les cadres » n'étaient plus, ici, à l'abri d'une porte noire de cuir capitonnée, mais derrière une cloison vitrée, comme à la pharmacie. Je m'approchai timidement du guichet, me penchai et demandai :

— Pardon, est-ce que vous n'auriez pas besoin de professeurs de mathématiques quelque part, loin du chemin de fer ? Ce serait pour m'y établir définitivement.

On a consulté chaque lettre de mes papiers d'identité, ce furent des allées et venues de bureau en bureau, des coups de téléphone. C'est qu'aussi ça ne se voyait pas tous les jours : tout le monde demande des postes en ville et encore dans les plus grandes villes possibles. On a quand même fini par me donner un petit trou dont le nom seul (il signifie Haut-Champ) m'a mis la gaieté au cœur.

Le nom disait vrai. Sur une butte parmi des vallons, puis d'autres monticules encore, tout enclos de forêt, Haut-Champ avec son étang et son barrage était le lieu même où l'on n'est pas fâché de vivre et de mourir. J'y restai longtemps assis sur une souche dans le bosquet et me disais que je voudrais de tout cœur n'être point en besoin de mon déjeuner et de mon dîner pourvu que je puisse rester ici et entendre, la nuit, les branches bruire sur mon toit quand nulle part ne crie la radio et que tout dans le monde est silence.

Hélas ! On n'y faisait pas cuire le pain. On n'y

vendait rien de ce qui se mange. Tout le village charriait la pitance dans des sacs depuis le chef-lieu.

Je m'en retournai aux cadres et me mis en prière devant le guichet. D'abord, on ne voulait rien entendre. Mais il finit quand même par y avoir des allées et venues de bureau en bureau, des coups de téléphone, des grincements de plume et on tapa dans mon arrêté de nomination : « Torfprodoukt. »

Torfprodoukt ? Diable ! Tourgueniev ne se doutait pas qu'on pouvait fabriquer des noms comme celui-là en russe !

A la gare de Torfprodoukt, un baraquement provisoire vétuste, de bois grisâtre, était placardé cet avis rigoureux : « Ne monter dans le train que du côté de la gare ! » Quelqu'un avait ajouté ces mots tracés à la pointe d'un clou : « Et sans billets. » Et on voyait, près de la caisse, cette inscription gravée définitivement au canif et avec le même humour mélancolique : « Il n'y a pas de billets. » Ce n'est que plus tard que je fus en mesure d'apprécier le sens de ces ajoutés. Il était facile d'arriver à Torfprodoukt. Mais non d'en repartir.

Là aussi, il y avait eu naguère de profondes et impénétrables forêts qui avaient survécu à la révolution. Puis elles avaient été abattues par les ouvriers des tourbières et le kolkhoze voisin. Son président, un nommé Chachkov, avait rasé net nombre d'hectares de bois dont il avait tiré un bon prix dans la région d'Odessa.

La cité avait poussé comme elle avait pu entre les tourbières : baraquements tous pareils des années 30 et maisonnettes à vérandas vitrées et façades de bois sculpté des années 50. Mais on ne voyait pas à l'intérieur de cloison qui montât jusqu'au plafond, de sorte qu'il ne m'était pas possible de louer une chambre avec quatre vrais murs.

Une cheminée d'usine fumait au-dessus de la cité. Un chemin de fer à voie étroite la parcourait, de-ci de-là, et de petites locomotives, crachant elles aussi une fumée épaisse, halaient avec des sifflements perçants des wagons chargés de tourbe brune, de plaques et de briquettes. Je pouvais supposer sans risque d'erreur que, le soir, un diffuseur s'époumonerait au-dessus de la porte du club et que des ivrognes erreraient par les rues et que cela se terminerait par des coups de couteau.

Voilà donc où m'avait entraîné de rêver tant à un petit coin tranquille en Russie. Pourtant, là d'où j'étais venu, je pouvais vivre dans une cabane en pisé avec vue sur le désert. Le vent y soufflait si frais la nuit et seule la voûte étoilée s'y déployait au-dessus de ma tête.

Je n'arrivais pas à trouver le sommeil sur le banc de la gare et je revins dès l'aube traîner dans la cité. J'y découvris à présent un marché minuscule. Une seule et unique femme, vu l'heure matinale, s'y tenait qui vendait du lait. J'en pris une bouteille et la bus aussitôt.

Son parler me frappa. Elle ne causait pas, elle chantonnait à vous faire fondre l'âme et les mots qu'elle disait étaient ceux-là mêmes dont la nostalgie m'avait tiré d'Asie :

— Bois, bois, si le cœur t'en dit. Tu n'es point d'ici à croire ?

— Et vous-même, d'où venez-vous ? fis-je, tout réjoui.

Et j'appris qu'il n'y avait pas que des tourbières alentour, que, franchie la voie ferrée, on trouvait un mamelon et, derrière ce mamelon, un village, et qu'il avait nom Talnovo, que de mémoire d'homme il avait toujours existé, qu'il était déjà là du temps de la dame « tsigane » quand une noire forêt couvrait ces lieux. Et plus loin, c'était tout un territoire de villages : Tchaslitsy, Ovintsy, Spoudni, Chevertni, Chestimirovo, tous plus perdus, plus éloignés du chemin de fer, plus rapprochés des lacs.

Ces noms me furent comme un souffle apaisant. Ils me promettaient la Russie profonde.

Et je priai ma nouvelle connaissance de me mener à

Talnovo après le marché et de me trouver une maison où je puisse prendre pension.

J'avais tout l'air d'un pensionnaire avantageux : l'école s'engageait à fournir en sus du prix de location un camion de tourbe pour l'hiver. Le souci qui parut sur son visage n'était plus tendresse d'âme. Elle n'avait point de place libre chez elle (avec son mari, elle *élevait* sa vieille mère), aussi elle me conduisit chez des parents à elle, puis chez d'autres encore. Mais là non plus il n'y avait pas de chambre indépendante, de place guère et de bruit beaucoup.

Ainsi arrivâmes-nous à une petite rivière presque à sec, avec un barrage et un petit pont. Je n'avais pas vu de lieu plus charmant dans tout le village ; deux ou trois saules, une petite izba toute de guingois et des canards qui nageaient sur l'étang et des oies qui secouaient leurs plumes mouillées en se hissant sur la rive.

— Ma foi, tout ce qu'on peut encore faire, c'est passer chez Matriona, dit mon guide, qui commençait à en avoir assez de moi. Seulement, ça n'est pas tenu, elle laisse aller, elle n'est pas vaillante.

La maison de Matriona était dans le même coin, toute proche ; quatre petites fenêtres alignées donnant sur le côté frais, de derrière, une toiture de copeaux à deux pentes, avec une lucarne de grenier aménagée en façon de *térème.*

Mais les copeaux pourrissaient, les rondins du corps et le portail, autrefois imposants, étaient gris de vétusté et le revêtement s'était effrité.

Le portillon était fermé au verrou, mais mon guide, au lieu de frapper, glissa la main dessous et tourna la clenche — protection rudimentaire contre le bétail. La petite cour n'était pas couverte, mais il y avait beaucoup de dépendances d'un tenant avec la maison. Franchie l'entrée, un escalier intérieur menait à de vastes pontées que la toiture surplombait à grande hauteur. A gauche, d'autres marches montaient à la *belle chambre*, un bâtis sans cheminée, indépendant ;

d'autres encore descendaient à la soupente. A droite, c'était l'izba proprement dite avec grenier et sous-sol.

Cela avait été bâti il y avait beau temps et solidement, pour une grande famille, mais maintenant il n'y avait pour tout habitant qu'une femme qui allait sur ses soixante ans.

Lorsque j'entrai, je la vis allongée sur le poêle russe, là même, près de la porte, couverte de ces loques sombres à la nature mal définie qui n'ont pas leur prix dans la vie des travailleurs.

La vaste izba, tout particulièrement sur le côté le meilleur, près de la fenêtre, était encombrée de pots et de baquets de ficus posés sur les tabourets, les bat-flanc. Ils peuplaient la solitude de la maîtresse des lieux de leur foule muette, mais vivante. Ils s'étaient développés à l'aise, accaparant la chiche lumière de la façade nord. Dans le restant de lumière et, de plus, caché qu'il était par la cheminée, le visage arrondi de la propriétaire me sembla jaune, malsain. A ses yeux troubles, on pouvait voir aussi que la maladie l'avait rudement secouée.

Tout en parlant avec moi, elle restait couchée à plat sur le poêle, sans oreiller, la tête tournée vers la porte, et moi j'étais debout en dessous. Elle ne manifesta guère de joie à l'idée de décrocher un locataire, se plaignait du mal pernicieux dont la dernière crise s'achevait seulement : le mal ne lui tombait pas dessus chaque mois, mais une fois venu :

— ... ça me tient des deux et des trois jours, si bien que je ne saurais ni me lever ni vous servir. Ce n'est pas pour la maison, ça ne me ferait pas peine que vous y demeuriez.

Et elle se mit à m'énumérer d'autres maisons où je serais plus tranquille et mieux installé et voulait m'envoyer en faire le tour. Mais je voyais bien que c'était mon sort de prendre logis dans cette izba un peu sombre, avec son miroir trouble où on ne se voyait pas du tout, ses deux affiches à un rouble aux couleurs criardes sur la vente des livres et la moisson qui avaient été fixées au mur pour faire beau.

Et, bien que Matriona Vassiliévna m'eût forcé à courir encore le village et bien qu'à ma seconde visite elle s'obstinât longtemps dans son refus :

— Quand c'est qu'on sait pas, qu'on cuisine pas, comment voulez-vous faire l'affaire ?

Pourtant, elle m'accueillit debout cette fois et on aurait dit que mon retour avait allumé dans ses yeux un semblant de consentement.

Nous nous mîmes d'accord sur le prix et la tourbe fournie par l'école.

C'est seulement par la suite que j'appris que d'un an sur l'autre durant bon nombre d'années, Matriona Vassiliévna n'avait pas touché un sou parce qu'elle n'avait pas de retraite. Les parents qu'elle avait ne lui venaient guère en aide. Et, au kolkhoze, elle ne travaillait pas pour l'argent mais pour les petits bâtons. Les petits bâtons des *troudoden* (1) inscrits dans un registre crasseux.

C'est ainsi que je pris pension chez Matriona. Nous ne partageâmes pas entre nous la salle. Son lit à elle était dans le coin de la porte, près du poêle ; je dressai mon lit de camp près d'une fenêtre et, écartant de la lumière les chers ficus de Matriona, je mis une petite table devant une autre fenêtre. Il y avait l'électricité au village : on l'avait amenée de Chatoury dès les années 20. A l'époque, on parlait dans les journaux de la « lampe d'Ilitch » et les paysans disaient, ouvrant de grands yeux : « C'est la reine lumière ! »

Peut-être bien qu'au village des gens parmi les plus à l'aise ne tenaient pas la maison de Matriona pour bonne à vivre, mais pour nous deux, cet automne et cet hiver-là, elle fut parfaite : les pluies ne faisaient pas encore crouler la toiture et les vents de glace n'en chassaient

(1) Journée-travail — unité de calcul de la rétribution des kolkhoziens. (N.d.T.)

pas d'un coup le chaud du poêle, mais seulement vers le matin, surtout quand ça soufflait du côté délabré.

A part Matriona et moi, il y avait encore dans l'izba un chat, des souris et des cafards.

Le chat n'était pas bien jeune, mais, surtout, il était bancal. Matriona l'avait recueilli par pitié et, depuis, il faisait partie de la maison. Encore qu'il marchât sur quatre pattes, il boitait bas : il protégeait une de ses pattes qui lui faisait mal. Quand le chat sautait du poêle sur le sol, le bruit qu'il faisait en le touchant n'était pas mou comme d'habitude chez les chats, mais cognait si fort que je ne m'y fis pas de si tôt : je tressaillais. C'est qu'il posait trois pattes d'un coup pour épargner la quatrième.

Mais s'il y avait des souris dans la maison, ce n'est pas parce que le chat bancal était incapable d'en venir à bout : il bondissait comme l'éclair dans un coin pour les attraper et les emportait entre ses dents. Si les souris étaient hors d'atteinte du chat, c'est que quelqu'un, autrefois, du temps que la vie était facile, avait tapissé la maison de Matriona de papiers peints verdâtres ondulés et il ne s'était pas contenté d'une couche, il en avait mis cinq. Les papiers s'étaient collés les uns aux autres, mais, en bien des endroits, s'étaient détachés du mur et cela faisait comme une deuxième peau à l'izba. Entre les rondins et la peau de papiers peints, les souris s'étaient fait leurs voies et froufroutaient insolemment, courant là-dedans même au plafond. Le chat suivait d'un regard furieux leurs froufrous, mais elles étaient hors d'atteinte.

Parfois, le chat mangeait aussi des cafards, mais ça le rendait malade. La seule chose que les cafards respectassent c'était la limite de la cloison qui séparait la bouche du poêle russe et la petite cuisine de la salle. Dans la salle, ils n'y allaient pas. Par contre, dans la cuisine, la nuit, ça grouillait et si, y entrant tard le soir pour boire de l'eau, j'allumais l'électricité, tout le plancher et le grand banc et même le mur étaient bruns presque partout et remuaient. J'apportais du borax de la salle de T.P. de l'école et nous le mélangions à de la pâte pour essayer de les empoisonner. Les cafards se faisaient moins nombreux, mais Matriona avait peur d'empoisonner en même temps le chat. Nous cessions de remettre du poison et les cafards se multipliaient de nouveau.

La nuit, tandis que Matriona dormait et que je travaillais à ma table, les froufrous rapides et menus des souris derrière les papiers peints étaient couverts par le remue-ménage des cafards derrière la cloison — fondu, ininterrompu comme le murmure lointain de l'océan. Mais je m'y étais fait, car il n'y avait rien en lui de méchant, car il n'y avait pas en lui de mensonge. Leur bruissement était leur vie.

Je m'étais fait aussi à la belle fille grossièrement peinturlurée de l'affiche qui me tendait inlassablement les œuvres de Bélinski, de Panférov et encore une pile de je ne sais quels livres, mais avait le mérite de se taire. Je me fis à tout ce qu'il y avait dans la maison de Matriona.

Matriona se levait à quatre, cinq heures du matin. Sa pendule, il y avait vingt-sept ans qu'elle l'avait achetée au magasin rural. Elle avançait toujours et Matriona ne s'en inquiétait pas : pourvu qu'elle ne retarde pas et qu'elle ne soit pas à la traîne le matin. Elle allumait l'électricité derrière la cloison de la cuisine et, silencieusement, poliment, en tâchant de ne pas faire de bruit, elle allumait le poêle russe, allait traire sa chèvre (en fait de bêtes c'est tout ce qu'elle avait : cette chèvre blanc sale aux cornes torses), elle allait quérir l'eau et faisait la cuisine dans trois marmites : une marmite pour moi, une pour elle, une pour la chèvre. Pour la chèvre, elle tirait de la soupente la pomme de terre la plus menue, pour elle de la menue, pour moi grosse comme un œuf de poule. Quant à la grosse, son potager sablonneux qui, de plus, n'avait pas vu d'engrais depuis l'avant-guerre et était toujours planté de pommes de terre, eh bien, il n'en donnait pas.

Je ne l'entendais presque pas vaquer le matin. Je dormais longtemps, m'éveillais au jour tardif d'hiver et m'étirais en sortant la tête de sous ma couverture et ma houppelande. Avec, en plus, ma veste molletonnée des camps sur les pieds et, sous moi, un sac bourré de paille, ils me gardaient la chaleur même les nuits où la froidure s'abattait du nord sur nos fenêtres branlantes. Lorsque j'entendais derrière la cloison son bruit discret, je disais chaque fois, en détachant les syllabes :

— Bonjour, Matriona Vassiliévna.

Et, en réponse, c'étaient toujours les mêmes paroles bienveillantes qui se faisaient entendre de derrière la cloison. Elles commençaient par une sorte de ronron grave et tendre comme dans les contes de mères-grand :

— Mr... mr... mmrr... et vous de même !

Puis, après une pause :

— Votre déjeuner, il est t-tout chaud !

Ce qu'il y avait à déjeuner, elle ne le disait pas, mais c'était facile à deviner : de la *podterre* dans sa peau ou de la *soupe de terre* (c'est ainsi que disait tout le village) ou de la bouillie d'orge perlé (on ne pouvait en trouver d'autre à Torfprodoukt et même l'orge, il fallait le prendre d'assaut : comme c'était le moins cher, on en nourrissait les porcs et on l'achetait par sacs entiers). Ce n'était pas toujours salé à point, souvent brûlé, cela laissait une pellicule sur le palais, les gencives, et donnait des maux d'estomac.

Mais ce n'était pas la faute de Matriona : à Torfprodoukt, il n'y avait pas de beurre non plus, on s'arrachait la margarine et on n'avait à volonté que des graisses animales. En outre, le poêle russe, à ce que j'ai pu voir, n'est pas très commode pour cuisiner : la cuisinière ne voit pas ce qui cuit, la chaleur est inégale des différents côtés du chaudron. Mais la raison pour laquelle nos ancêtres l'ont hérité de l'âge de pierre, c'est qu'une fois bien allumé au petit jour, il garde au chaud toute la journée la nourriture et le breuvage pour le bétail, le manger et l'eau des gens. Et on a chaud pour dormir.

Je mangeais avec soumission tout ce qu'on me préparait et, s'il me tombait sous la dent quelque corps étranger : cheveu, morceau de tourbe, patte de cafard, je le mettais de côté sans m'impatienter. Je n'avais pas le cœur à faire des reproches à Matriona. Après tout, elle m'avait prévenu : « Quand c'est qu'on sait pas, qu'on cuisine pas, comment voulez-vous faire l'affaire ? »

— Merci, lui disais-je bien sincèrement.

— De quoi faire ? de ce qui vous revient ? faisait-elle avec un sourire rayonnant.

Et, me regardant avec simplicité d'âme de ses yeux pâles, elle me demandait :

— Et quoi donc c'est-il que vous voulez pour votre *vêprée* ?

Pour la vêprée voulait dire *à dîner*. Je faisais deux repas par jour, comme au front. Que pouvais-je demander *pour la vêprée* ? Toujours la même chose : *podterre* ou *soupe de terre*.

Je m'en accommodais parce que la vie m'avait appris à voir le sens de l'existence quotidienne dans autre chose que dans le manger. J'attachais plus de prix au sourire de son visage arrondi ; et lorsque j'eus enfin gagné de quoi me payer un appareil de photo, je m'efforçai, mais en vain, de le fixer. Lorsqu'elle voyait l'œil froid de l'objectif braqué sur elle, Matriona prenait une expression ou tendue ou sévère et hautaine.

Une seule fois, je parvins à la prendre souriant à ses pensées, tandis qu'elle regardait dans la rue par la fenêtre.

Cet automne-là, Matriona eut bien du tracas. Les voisines lui mirent en tête de réclamer une pension de retraite. Elle était seule au monde et, depuis que sa santé était sérieusement ébranlée, on lui avait fait quitter le kolkhoze. Ça faisait toute une pelote d'injustices à son égard : elle était malade mais n'était pas considérée comme invalide ; elle avait travaillé un quart de siècle au kolkhoze, mais comme ça n'était pas à l'usine, elle n'avait pas droit à la retraite *pour elle-même,* elle pouvait la demander seulement *pour son mari,* c'est-à-dire pour perte de soutien de famille. Mais cela faisait douze ans qu'elle l'avait perdu, son mari, tout au début de la guerre, et il n'était pas facile maintenant d'obtenir les certificats de ses différents lieux de travail, avec la durée *d'emploi* et le montant du salaire. C'était toute une affaire que d'obtenir des certificats ; et qu'on écrive quand même dessus qu'il touchait par mois ne serait-ce que trois cents roubles ; et de faire légaliser un certificat comme quoi elle vivait seule et ne recevait d'aide de personne ; et un autre avec indication de la date de naissance ; puis de porter tout ça à la Sécurité sociale ; et de le rapporter après avoir corrigé ce qui n'était pas conforme ; et de le porter encore une fois. Et de s'enquérir si on la lui donnerait, sa retraite...

Ces démarches étaient rendues plus difficiles du fait que le bureau de la Sécurité sociale était distant de Talnovo d'une vingtaine de kilomètres à l'est, le soviet rural d'une dizaine de kilomètres à l'ouest et le soviet local au nord, à une heure de marche. On la fit ainsi courir de bureau en bureau deux mois durant, pour un point, pour une virgule. Un aller et retour prenait la journée. Elle arrive au soviet rural, mais le secrétaire n'y est pas ce jour-là, il n'y est pas, un point c'est tout, comme il arrive à la campagne. Il ne reste plus qu'à revenir le lendemain. Cette fois, le secrétaire y est, mais il n'a pas le bon tampon. Il faut y retourner une troisième fois. Et la quatrième, c'est parce qu'avec leurs mauvais yeux ils n'ont point signé le bon papier, vu que Matriona a tout son paquet de papiers épinglés ensemble.

— On me persécute, Ignatitch, se plaignait-elle à

moi après ces allées et venues infructueuses. J'ai bien du souci.

Mais son front ne restait pas longtemps assombri. Je l'avais remarqué, elle avait un sûr moyen de retrouver sa belle humeur, c'était le travail. Aussitôt, elle empoignait sa pelle et bêchait la *podterre*. Ou bien, elle prenait un sac sous le bras et allait chercher de la tourbe. Ou encore, avec une corbeille d'écorce, cueillir les baies dans une forêt éloignée. Et non point faire la courbette à des bureaux d'administrations, mais aux buissons de la forêt. L'échine brisée par son faix, Matriona s'en revenait à la maison toute rassérénée, contente de toute chose, ayant retrouvé son bon sourire.

— A cette heure, j'ai mis le doigt dessus, Ignatitch, je sais où il faut la prendre, disait-elle en parlant de la tourbe. Quel coin ! une vraie merveille !

— Mais voyons, Matriona Vassiliévna, est-ce que ma tourbe ne fait pas assez ? Un plein camion.

— Ouiche ! Ta tourbe ! Il en faut autant et encore autant, alors, oui, des fois, ça pourrait suffire. Ici, quand l'hiver s'y met et que ça *bise* en plein dans les fenêtres, il s'en va plus de chaleur qu'on n'en fait. Antan, nous en ramenions tant bien ! C'est-il que je n'en aurais pas ramené trois camions à cette heure ? Mais voilà, on se fait prendre. Il y a déjà une femme de chez nous qu'on traîne devant les juges.

Oui, c'était comme elle avait dit. Déjà tourbillonnait le souffle effrayant de l'hiver. Alentour se dressaient des forêts, mais on n'avait où prendre du bois de chauffage. Tout autour, les excavateurs grondaient dans les tourbières, mais on ne vendait pas de tourbe à la population, on en fournissait seulement aux autorités et à ceux qui tournent autour, et encore un camion aux maîtres d'école, aux médecins, aux ouvriers de l'usine. Les gens de Talnovo n'avaient pas droit à la tourbe, pas question de demander. Le président du kolkhoze faisait sa ronde dans le village, regardait les gens dans les yeux avec exigence ou bienveillance et parlait de tout sauf de combustibles. Parce que, lui, il était pourvu. Et que l'hiver n'était pas prévu.

Bon, on volait avant du bois au seigneur, maintenant on fauchait de la tourbe à l'entreprise. Les femmes se mettaient à cinq, à dix pour se donner du courage. Elles y allaient le jour. L'été, on avait taillé partout de la tourbe et elle était rangée en piles pour sécher. La tourbe, ce que ça a de bon, c'est qu'une fois extraite, on ne peut pas l'emmener aussitôt. Elle sèche jusqu'à l'automne et quelquefois jusqu'aux premières neiges, si la route n'est pas praticable. C'est durant ce temps-là que les femmes allaient se servir. Elles emportaient cinq, six plaques de tourbe à la fois dans un sac si elles étaient mouillées et une dizaine quand elles étaient sèches. Un sac, apporté parfois de trois kilomètres (et qui pesait ses deux *pouds*) faisait une chauffe. Or, l'hiver compte deux cents jours. Et il faut chauffer le matin le poêle russe, le soir le « hollandais » en faïence.

— A quoi ça sert de parler en l'air ? disait Matriona, se fâchant contre quelqu'un d'invisible. Depuis qu'il n'y a plus de chevaux, ce qu'on ne charrie pas sur son dos, on s'en passe. Mon dos est toujours à vif. L'hiver, je tire la luge, l'été je porte le faix. Vrai de vrai !

Les femmes y allaient plus d'une fois par jour. Les bons jours, Matriona en rapportait six sacs. Ma tourbe à moi, elle l'avait empilée à la vue de tous, mais la sienne, elle la cachait sous les pontées et, chaque soir, obstruait d'une planche la chatière.

— A moins qu'ils n'aillent deviner, les ennemis, disait-elle avec un sourire, tout en s'essuyant le front en sueur, jamais de la vie ils ne trouveront.

Que pouvaient faire les tourbières ? Elles n'avaient pas de personnel à affecter à la garde de tous les marais. Il leur restait, sans doute, après avoir inscrit une extraction abondante dans les statistiques, à la réduire pour pertes : pluie et émiettage. Parfois, par accès subits, on rassemblait une équipe de vigiles et on attrapait les femmes à l'entrée du village. Les paysannes jetaient leurs sacs et se sauvaient de tous côtés. Parfois, sur dénonciation, on perquisitionnait dans les maisons, on dressait procès-verbal pour détention illégale de tourbe et on menaçait de transmettre l'affaire au tribunal. Les femmes cessaient un temps d'aller à la tourbe ; mais l'hiver approchait et les y poussait de nouveau, avec des luges, la nuit.

En général, observant avec attention Matriona, je remarquais qu'en dehors de la cuisine et du ménage, chaque jour elle avait quelque autre tâche d'importance, elle avait en tête l'ordre logique de ces tâches et, en s'éveillant le matin, elle savait toujours à quoi la journée serait occupée. En plus de la tourbe, en plus du ramassage des vieilles souches arrachées par les tracteurs dans le marais, en plus de l'airelle, qu'elle mettait à mariner pour l'hiver dans de grands bocaux (« agace-toi les dents, Ignatitch », faisait-elle chaque fois qu'elle m'en offrait), en plus de l'arrachage des pommes de terre, en plus des allées et venues pour la retraite, il lui fallait encore se procurer du foin pour son unique chèvre sale.

— Mais pourquoi ne tenez-vous pas de vache, Matriona Vassiliévna ?

— Ma foi, Ignatitch, m'expliquait Matriona qui se tenait dans l'embrasure de la porte de la cuisine en tablier sale, le visage tourné vers ma table, ma chèvre me donne assez de lait pour moi. Si j'avais une vache, elle me mangerait tout et mes pieds avec ; le long de la voie, faut pas faucher, il y a des maît' dans la forêt non plus il n'y a pas où, le maît' c'est les Eaux et les Forêts, et au kolkhoze aussi on me l'interdit, je ne suis plus kolkhozienne maintenant, qu'ils disent. Remarquez que les kolkhoziennes mêmes, jusqu'aux papillons blancs, c'est tout pour le kolkhoze qu'elles fauchent et pour elles il faut qu'elles coupent de sous la neige et c'est-il de l'herbe ça ? Au temps d'autrefois, c'est dans l'entre-deux-saisons qu'on s'activait aux foins, de la Saint-Pierre à la Saint-Elie. On estimait que l'herbe est de miel à ce moment...

Ainsi, rien que pour une vieille bique, c'était tout un travail pour Matriona de ramasser du foin. Dès le matin, elle prenait un sac et une faucille et allait aux endroits qu'elle avait en mémoire où l'herbe poussait sur les laies, au bord des chemins, sur les îlots du marais. Ayant bourré son sac d'herbe fraîche et lourde, elle le traînait à la maison et l'étalait dans sa courette. Un sac d'herbe une fois sec faisait une fourchée à peine de foin.

Le nouveau président, récemment arrivé de la ville, la première chose qu'il avait faite, ç'avait été de rogner leur potager à tous les invalides. Il avait laissé cent cinquante mètres de terrain sablonneux à Matriona et une centaine restait à l'abandon de l'autre côté de la clôture. Au demeurant, quand on manquait de bras, quand les paysannes refusaient obstinément de se rendre aux tâches, la femme du président allait trouver Matriona. C'était aussi une femme de la ville, décidée, à l'allure presque militaire avec son paletot court de drap gris et son regard autoritaire.

Elle entrait dans l'izba et, sans bonjour ni bonsoir, regardait sévèrement Matriona. Matriona se troublait.

— B-bon, disait la femme du président en détachant les syllabes, camarade Grigoriéva ! Il va falloir aider le kolkhoze ! Il va falloir épandre le fumier demain !

— Ma foi, disait-elle en traînant la voix. Je suis malade, pour sûr. Et, à présent, vos affaires, je n'en suis plus.

Mais elle se dépêchait de se reprendre :

— Quelle heure donc qu'il faut venir ?

Le visage de Matriona se plissait en un demi-sourire indulgent, comme si elle avait honte pour la femme du président que celle-ci ne puisse lui payer son travail.

— Et n'oublie pas de prendre ta fourche ! recommandait la présidente et elle s'en allait en faisant froufrouter sa jupe rigide.

— C'est ça ! faisait Matriona avec reproche, une fois qu'elle était sortie... Et n'oublie pas de prendre ta fourche ! Il n'y a ni pelles ni fourches au kolkhoze. Et moi je n'ai pas d'homme, qui donc me la montera ?...

Et elle réfléchissait ensuite toute la soirée :

— Ça vaut-il la peine d'en parler, Ignatitch, il faut les aider bien sûr, sans engrais que voulez-vous qu'ils récoltent ? Seulement voilà, le travail chez eux c'est ni chair ni poisson : les femmes se plantent là, appuyées sur leur pelle, et attendent que la sirène de l'usine sonne midi. Par-dessus le marché, elles se montent, elles se disputent : une telle y est allée, une telle autre n'y est pas allée. A mon sens, quand on travaille, il ne faut pas qu'on entende le moindre son, rien que « oh ! là ! là ! v'là déjà midi sonné, v'là déjà le soir tombé ».

Au matin, elle partait avec sa fourche.

Mais ce n'était pas seulement le kolkhoze, n'importe quelle parente éloignée, ou voisine tout bonnement, venait aussi trouver Matriona la veille et disait :

— Viens donc m'aider demain, Matriona. On va finir les pommes de terre.

Et Matriona ne savait pas refuser. Elle laissait tomber ses affaires en cours, allait aider la voisine et, lorsqu'elle s'en retournait, elle disait sans une ombre d'envie :

— Eh bien, Ignatitch, la grosse pomme de terre qu'elle a ! Je l'arrachais avec plaisir, je n'avais pas envie de quitter son terrain, je te jure que c'est vrai !

Aussi juge-t-on bien que pas un seul jardin ne se labourait sans Matriona. Les paysannes de Talnovo avaient établi de la manière la plus indiscutable qu'il était plus pénible et plus long de retourner seule sa terre à la bêche que de s'atteler à six à un araire pour labourer six jardins, c'est ce pour quoi on appelait Matriona à l'aide.

— Au moins, est-ce que vous la payiez ? m'arriva-t-il de demander par la suite.

— Elle ne voulait pas d'argent. On était bien forcé de l'arranger.

C'était encore grand affairement pour Matriona quand venait son tour de faire à manger aux pâtres des chèvres : l'un, un grand gaillard *muet-sourd,* et l'autre, un gamin qui avait une éternelle cigarette baveuse aux lèvres. Son tour venait une fois toutes les six semaines, mais cela faisait une grosse dépense pour Matriona. Elle allait au magasin, achetait des conserves de poisson, se fendait de sucre et de beurre qu'elle ne mangeait jamais elle-même. Je compris que les maîtresses de maison rivalisaient de générosité, s'efforçant de nourrir les pâtres du mieux qu'elles pouvaient.

— Crains le tailleur et le berger, m'expliqua-t-elle. Ils te vous célébreraient par tout le village si quelque chose n'était pas à leur convenance.

Or, dans cette vie épaissie de soucis, faisait encore de temps en temps irruption une rude maladie, et Matriona s'effondrait et restait étendue de tout son long des quarante-huit heures. Elle ne se plaignait pas, ne gémissait pas, mais aussi ne remuait presque pas. Ces jours-là, Macha, proche amie de Matriona depuis son plus jeune âge, venait prendre soin de la chèvre et allumer le poêle. Pour ce qui est de Matriona, elle ne buvait ni ne mangeait et ne demandait rien. Faire venir à domicile la doctoresse du dispensaire local aurait été, à Talnovo, chose stupéfiante, ça n'aurait pas été convenable par rapport aux voisines ; en voilà une princesse, auraient-elles dit. On l'avait bien appelée une fois, elle était arrivée fort en colère, avait dit à Matriona de venir elle-même au dispensaire dès qu'elle serait sur pied. Matriona y était allée contre son gré, on lui avait pris des analyses, on les avait envoyées à l'hôpital du chef-lieu, puis on n'en avait plus entendu parler. C'était bien sûr aussi la faute à Matriona.

Ses affaires l'appelaient à la vie. Bientôt Matriona

commençait à se lever, d'abord elle se remuait lentement, mais ensuite retrouvait sa vivacité.

— C'est que tu ne m'as pas vue autrefois, Ignatitch, disait-elle comme pour s'excuser. Je portais tous les sacs, cinq pouds, je ne considérais pas ça comme un fardeau. Mon beau-père criait : « Matriona ! tu vas te briser l'échine ! » Mon beau-frère ne venait pas prendre mon extrémité de madrier pour le poser sur le devant du traîneau. Nous avions un cheval militaire, Voltchok qu'il s'appelait, un costaud...

— Mais pourquoi militaire ?

— On y avait pris le nôtre à la guerre et on nous avait donné celui-là, qui était un peu blessé, en échange. C'était un *fantaisiste*. Une fois, de frayeur il a emporté le traîneau vers le lac, les hommes s'en sauvaient, mais moi, vrai, je l'ai empoigné à la bride et je l'ai arrêté. C'était un cheval d'avoine. Chez nous, le paysan aimait nourrir les chevaux. Les chevaux qui sont d'avoine n'ont pas peur des fardeaux.

Cependant Matriona n'était nullement intrépide. Elle avait peur de l'incendie, peur de la *foud'*, et plus que de tout, je ne sais trop pourquoi, du train.

— Quand il me faut me rendre à Tchérousti et que le train surgit de Netchaévka et fait saillir ses gros yeux et les rails qui résonnent, ça me fait tout chaud, j'en ai les genoux qui tremblent. Je te jure que c'est vrai ! disait Matriona, tout étonnée, en haussant les épaules.

— C'est peut-être parce qu'on ne délivre pas de billets, Matriona Vassiliévna ?

— Au guichet ? Ils ne vous fourrent que des premières. Et le train qui va pour *démarrerer* ! On court et de-ci et de-là : rendez-vous compte de ce que vous faites, faut avoir une conscience ! Les hommes, eux, ont grimpé sur le toit par le petit escalier. Nous autres nous avons trouvé une portière qui n'était pas verrouillée et nous sommes montées comme ça sans billets : eh bien, c'était rien que des wagons de seconde, rien que des secondes, on aurait pu s'allonger sur les banquettes.

Pourquoi ils ne délivrent pas de billets, ces parasites sans cœur, c'est pas compréhensible...

Malgré tout, au début de cet hiver-là, la vie de Matriona s'était arrangée comme jamais. On finit quand même par lui verser une pension d'environ quatre-vingts roubles. Elle en recevait encore un peu plus de cent de l'école et de moi.

— Dites donc ! maintenant Matriona n'a pas intérêt à mourir ! faisaient certaines de ses voisines qui commençaient déjà à la jalouser. Elle ne sait plus où fourrer son argent, cette vieille...

Matriona se commanda de nouvelles bottes de feutre. Elle s'acheta un nouveau gilet. Et elle se fit faire un manteau d'une vieille capote de cheminot que lui avait donnée un mécanicien de Tchérousti, le mari de sa pupille Kira. Le tailleur bossu du village avait doublé le drap de ouatine et ça avait fait une merveille de manteau comme Matriona n'en avait point eu en six dizaines d'années d'existence.

Et au milieu de l'hiver, Matriona cousit dans la doublure de ce manteau deux cents roubles pour *l'enterrement.* Elle était toute joyeuse.

— Moi aussi j'aurai vu un brin du tranquille, Ignatitch.

Décembre passa, puis janvier, la maladie ne vint pas lui faire visite deux mois de rang. Matriona se mit à aller plus souvent chez Macha passer la soirée à croquer des graines de soleil. Elle n'invitait personne le soir chez elle par respect de mon travail. C'est seulement le jour des Rois qu'en revenant de l'école je trouvai des gens en train dc danser dans la maison et fus présenté aux trois sœurs de Matriona qui l'appelaient « nounou » vu qu'elle était l'aînée. Jusqu'à ce jour, je n'avais guère entendu parler des sœurs dans la maison : peut-être craignaient-elles que Matriona ne leur réclame de l'aide ?

Un seul événement ou mauvais présage assombrit

cette fête : elle était allée à l'église distante de cinq verstes faire bénir de l'eau, avait mis son bidon parmi les autres, mais lorsque la cérémonie de la bénédiction s'acheva et que les femmes se précipitèrent en se bousculant pour les reprendre, Matriona ne fut pas dans les premières et, à la fin, son bidon n'y était plus. Et à sa place on n'avait laissé aucun autre récipient. Son bidon avait disparu comme si le Malin l'avait emporté.

— Femmes ! disait Matriona en passant dans les rangs de paysannes en prière, est-ce que quelqu'un n'aurait pas pris par erreur de l'eau bénite qui n'est pas à elle ? Dans un bidon ?

Personne n'avoua. Ça aurait pu être des gamins qui avaient fait une farce, il y avait là aussi des gamins. Matriona s'en revint toute triste.

On ne pouvait dire pourtant que la foi de Matriona fût très fervente. C'était même plutôt une païenne, c'étaient les superstitions qui l'emportaient en elle : à Saint-Jean le Jeûneur il ne faut entrer au jardin, il n'y aurait pas de récolte l'année qui suit ; si le blizzard tourbillonne c'est que quelque part quelqu'un s'est pendu ; si on se pince le pied dans la porte, il y aura une visite. Tout le temps que j'ai habité chez elle je ne l'ai jamais vue en prière, ni faisant une seule fois le signe de croix. Mais elle commençait tout travail par un « Dieu aide ! » et lorsque j'allais à l'école elle tentait aussi chaque fois de me dire « Dieu vous aide ! » Peut-être bien qu'elle priait quand même, mais pas démonstrativement, intimidée par ma présence ou craignant de me gêner. Il y avait des icônes aux murs de sa maison. Les jours ordinaires elles restaient sombres, mais pendant la grand-messe, les vêpres et dès le matin les jours de fête, Matriona allumait la veilleuse.

Seulement elle avait moins de péchés que son chat bancal. Lui, il égorgeait les souris.

Lorsqu'elle se fut un peu tirée de son existence bousculée, Matriona se mit à écouter avec plus d'attention ma radio aussi (je n'avais pas manqué de me faire poser un *beau-parleur* — c'est ainsi que Matriona appelait le haut-parleur).

Entendant à la radio qu'on avait inventé de nouvelles machines, Matriona bougonnait à la cuisine :

— Des neuves, toujours des neuves, ils ne veulent pas travailler sur les vieilles, où c'est-il que nous allons entasser les vieilles ?

On transmettait qu'on dissipait les nuages d'un avion, Matriona secouait la tête sur son poêle :

— Oh ! là ! là ! ils vont nous changer quelque chose, l'hiver ou l'été.

Chaliapine interprétait des chansons populaires russes. Matriona restait là debout un bon moment à écouter, puis prononçait d'un ton décidé :

— Ils chantent d'une drôle de façon, pas comme chez nous.

— Mais voyons, Matriona Vassiliévna, que dites-vous là, écoutez bien !

Elle écouta encore. Et les lèvres serrées :

— Non. C'est pas ça. C'est pas notre air. Et il s'amuse avec sa voix.

En revanche, un jour, Matriona me donna ma récompense. On diffusait des romances de Glinka. Et tout à coup, après cinq morceaux de musique de chambre vocale, voilà Matriona qui s'essuyant les mains au tablier sort de derrière la cloison, émue, une pellicule de larmes sur ses yeux sans éclat :

— Eh bien, ça, c'est comme chez nous... murmura-t-elle.

2

Matriona s'était bien habituée à moi, et moi à elle, et nous vivions en bonne intelligence. Elle ne m'importunait pas de questions. La curiosité féminine lui était à ce point étrangère ou elle était à tel point délicate qu'elle ne me demanda pas une fois si j'avais été marié. Toutes les femmes de Talnovo la harcelaient pour qu'elle me tire les vers du nez.

— Vous n'avez qu'à demander vous-mêmes puisque c'est vous que ça intéresse. Je ne sais qu'une chose c'est qu'il *vient de loin.*

Et lorsque bien plus tard je lui eus raconté que j'avais été longtemps en prison, elle ne fit qu'opiner de la tête en silence, comme si elle s'en était douté avant.

Et moi aussi je voyais la Matriona d'à présent, une pauvre vieille seule au monde, et ne touchais pas non plus à la plaie de son passé, et d'ailleurs je ne soupçonnais même pas qu'il pût y avoir quelque chose à y chercher.

Je savais que Matriona s'était mariée avant la Révolution et était venue aussitôt dans cette maison que nous habitions, aussitôt *au fourneau* (c'est-à-dire qu'il n'y avait ni belle-mère vivante ni belle-sœur plus âgée encore fille, et le lendemain de ses noces Matriona avait dû mettre la main à la pâte). Je savais qu'elle avait eu six enfants et qu'ils étaient tous morts en bas âge, si bien qu'elle n'en avait jamais eu deux en même temps. Puis elle avait eu une filleule nommée Kira. Le mari de Matriona n'était pas revenu de la guerre. Elle n'avait pas non plus reçu l'avis de décès. Les hommes du village qui étaient dans la même compagnie disaient qu'ou bien il avait été fait prisonnier ou qu'il avait été tué, mais qu'on n'avait pas retrouvé son corps. Durant les huit années d'après-guerre Matriona avait décidé, elle aussi, qu'il était mort. Et tant mieux si elle pensait ainsi. Même s'il était vivant, alors il serait marié quelque part au Brésil ou en Australie. Et le village de Talnovo et la langue russe se seraient effacés de sa mémoire...

Une fois, en revenant de l'école, je trouvai quelqu'un à la maison. C'était un grand vieillard brun ; il avait ôté son bonnet et le tenait sur ses genoux, assis sur une chaise que Matriona avait poussée pour lui au milieu de la salle, près du poêle « hollandais ». D'épais cheveux noirs, qui grisonnaient à peine, entouraient son visage : sa large barbe noire se confondait avec ses moustaches noires et épaisses si bien qu'on lui voyait à peine la bouche ; et des favoris noirs continus qui laissaient voir un tout petit bout d'oreille montaient jusqu'aux mèches noires qui lui pendaient du sommet du crâne ; et de plus ses larges sourcils noirs étaient comme deux ponts jetés l'un vers l'autre. Et seul son front s'élevait en une coupole chauve vers la spacieuse calvitie de son crâne. Toute son apparence me parut exprimer l'importance et la dignité. Il était assis bien droit, les mains posées sur son bâton, son bâton était appuyé à la verticale au plancher, il était assis dans un maintien d'attente patiente et, selon toute apparence, causait peu avec Matriona qui s'affairait derrière la cloison.

Lorsque j'arrivai, il tourna lentement vers moi sa tête imposante et m'appela de façon inattendue :

— Petit père !... Je vous vois mal. Mon fils est votre élève :

« Grigoriév Anton...

Il aurait pu ne pas continuer... Malgré tout mon désir d'aider ce digne vieillard, je savais et repoussais à l'avance toutes les choses inutiles qu'allait me dire maintenant le vieil homme. Grigoriév Anton était un gamin aux grosses joues rouges de la classe de 8e D, qui avait la mine d'un chat qui s'est gavé de crêpes. On eût dit qu'il venait à l'école se reposer, il restait assis sur son banc et souriait paresseusement. Il va de soi qu'il n'apprcnait jamais ses leçons ni ne faisait ses devoirs. Mais comme notre école faisait tous ses efforts pour obtenir le haut pourcentage d'élèves admis dans la classe supérieure qui était la gloire des écoles de notre district, de notre région et des régions voisines, on le laissait passer d'année en année et il avait clairement compris que quelles que soient les menaces des maîtres, à la fin de l'année on l'admettait quand même sans qu'il ait besoin pour cela d'étudier. Il se moquait tout simplement de nous. Il était en 8e année et pourtant il ne connaissait pas les fractions et ne distinguait pas entre eux les triangles. Les deux premiers trimestres il était pris à la gorge par mes 4 et c'est encore ce qui l'attendait au troisième trimestre.

Mais comment dire maintenant à ce vieillard à demi aveugle qui convenait moins à Anton comme père que comme grand-père, et qui était venu me trouver en suppliant, que d'année en année l'école l'avait trompé, que je ne pouvais continuer à le faire sans quoi je ficherais par terre toute ma classe, me transformerais en chiffe et compromettrais tout le travail que j'avais fait et ma dignité de professeur ?

Et maintenant je lui expliquais patiemment que son fils s'était laissé aller, qu'il mentait chez lui et à l'école, qu'il fallait voir son carnet de notes plus souvent et lui serrer la vis des deux côtés en même temps.

— Comment lui serrer davantage, petit père, m'assurait-il, je le bats maintenant chaque semaine. Et j'ai la main lourde.

Au cours de la conversation je me souvins qu'une fois déjà Matriona était intervenue sans que je comprenne pourquoi en faveur d'Anton Grigoriév, mais je ne lui avais pas demandé quel degré de parenté elle avait avec et lui avais opposé aussi un refus. Matriona cette fois-ci encore se tenait dans la porte de la cuisine en quémandeuse muette. Et lorsque Faddéï Mironovitch m'eut quitté sur cette décision qu'il reviendrait me voir pour savoir où les choses en seraient, je demandai :

— Je n'arrive pas à comprendre, Matriona Vassiliévna, quel lien de parenté a cet Anton avec vous ?

— C'est le fils de mon beau-frère, répondit assez sèchement Matriona et elle s'en fut traire sa chèvre.

A la réflexion, je compris que ce vieillard noir si obstiné était le propre frère de son mari disparu à la guerre.

Et la longue soirée s'acheva, Matriona ne revenait plus à cette conversation. Ce n'est que tard le soir, alors que le vieil homme m'était complètement sorti de la tête et que je travaillais dans le silence de l'izba, troublé par le seul froufrou des cafards et le tic-tac de la pendule, que Matriona dit soudain de son coin sombre :

— Autrefois, Ignatitch, j'ai bien failli l'épouser.

J'avais oublié jusqu'à l'existence de Matriona, sa présence, je ne l'entendais pas, mais elle dit cela dans le noir avec tant d'émotion qu'on eût cru que ce vieil homme la poursuivait encore de ses assiduités.

Il était visible que de toute la soirée Matriona n'avait pas pensé à autre chose.

Elle s'était levée de son pauvre lit de chiffons et venait lentement à moi comme si elle suivait ses paroles. Je me rejetai sur le dossier de ma chaise et pour la première fois je vis Matriona d'une tout autre manière.

Il n'y avait pas de lampe au plafond dans notre grande pièce envahie de ficus comme d'une forêt. Le cercle de lumière de ma lampe de bureau ne tombait que sur les cahiers, et il y avait dans toute la salle, lorsque mes yeux se détachaient de la lumière, une sorte de pénombre rosée.

— C'est lui d'abord qui m'avait fait la cour... avant Efime... Lui, c'est l'aîné... J'avais dix-neuf ans, Faddéï, vingt-trois... C'est dans cette maison-ci qu'ils habitaient alors. C'était leur maison. C'est leur père qui l'avait construite.

Malgré moi, je regardai alentour. Tout à coup, cette vieille maison grise, pourrissante, à travers la peau vert blême de ses tapisseries sous lesquelles couraient des souris, m'apparut toute neuve, avec ses rondins rabotés qui n'avaient pas encore eu le temps de noircir et répandaient une joyeuse odeur de résine.

— Et lui, vous ?... Et alors ?

— Cet été-là... nous allions ensemble dans le bois,

chuchota-t-elle. Le bois était là où il y a maintenant les écuries, on l'a coupé. J'allais l'épouser, Ignatitch. La guerre contre les Allemands a commencé. On a pris Faddéï à la guerre.

Elle laissa tomber ces mots et surgit devant moi le juillet bleu ciel, blanc et jaune de l'an 14 : un ciel encore pacifique, des nuages qui y flottent et les gens grouillant dans les blés mûrs. Je les imaginai côte à côte : un grand gaillard tout noir la faux sur l'épaule ; et elle, rouge, tenant à brassée une gerbe. Et une chanson, une chanson sous le ciel, comme maintenant, avec les mécaniques, on n'en saurait plus chanter.

— Il est allé à la guerre, il a disparu... Trois ans je suis restée dans ma coquille ; j'attendais. Et pas un mot, pas même ses os...

Noué d'un vieux foulard passé de vieille, le visage rond de Matriona m'apparaissait dans la douce lumière indirecte de la lampe comme débarrassé de rides, de son enveloppe quotidienne négligée, un visage apeuré de jeune fille placée devant un choix terrible.

Oui... Oui... Je comprends... Les feuilles s'envolaient, tombait la neige et puis fondait. De nouveau les labours, de nouveau l'on sème, de nouveau la moisson. Et encore une fois s'envolaient les feuilles et tombait la neige. Et ce fut une révolution. Et une autre révolution. Et le monde entier fut retourné.

— Leur mère mourut et Efime me fit la cour. Façon de dire : tu voulais venir dans notre maison, viens-y donc quand même. Efime était d'un an plus jeune que moi. On dit chez nous : fille intelligente se marie à l'Intercession, fille sotte à la Sainte-Pierre-et-Paul. Ils manquaient de bras. J'ai accepté... Nous nous mariâmes à la Saint-Pierre et à la Saint-Nicolas d'hiver (1), s'en revint... Faddéï... des camps de Hongrie.

Matriona ferma les yeux.

(1) Fêtes orthodoxes : Intercession (1er octobre), Saint-Pierre-et-Paul (29 juin), Saint-Nicolas d'hiver (6 décembre).

Je me taisais.

Elle se tourna vers la porte comme si elle était vivante :

— Il s'est arrêté sur le seuil. J'ai poussé un cri ! Je me suis jetée à ses pieds !... On ne peut pas... C'est bon, dit-il, si ce n'était pas mon propre frère, je vous aurais abattus tous les deux !

Je tressaillis. A cause de l'exaltation ou de l'épouvante de Matriona, je me l'étais représenté avec vivacité, se tenant là tout noir, dans la porte sombre, la hache brandie sur Matriona.

Mais elle s'était calmée et, s'appuyant au dossier d'une chaise placée devant elle, racontait de sa voix chantonnante :

— Oh ! là ! là ! le pauvre ! Tant il y avait de filles au village, il ne s'est pas marié. Il avait dit : je vais chercher ton petit nom, une autre Matriona. Et il a bien fini par en ramener une de Matriona, de Lippovka ; ils se sont monté une maison à part, et c'est là qu'ils vivent encore, tu passes tous les jours devant pour aller à l'école.

Ah ! c'était donc cela ! Maintenant je comprenais que j'avais vu plus d'une fois la deuxième Matriona. Je ne l'aimais pas, elle venait toujours se plaindre à la mienne de son mari, qu'il la battait, qu'il était pingre, qu'il la saignait aux quatre veines, et elle restait longtemps à pleurer et sa voix était toujours larmoyante.

Mais ce qu'il en ressortait, c'est que ma Matriona à moi n'avait rien à regretter : Faddéï avait battu sa femme toute sa vie et la battait jusqu'au jour d'aujourd'hui et tenait serré toute la maison.

— Moi, *le patron* ne m'a pas battu une seule petite fois, disait-elle d'Efime. Dehors il poursuivait les hommes à coups de poings, mais moi, pas une petite fois. Ou plutôt, il y a quand même eu une fois : je m'étais disputée avec ma belle-sœur, il m'a cassé une cuiller en bois sur le front. Je me suis levée de table d'un bond : « Vous devriez tous vous étouffer, tas de fainéants ! » Et je suis partie dans la forêt. Il ne m'a plus touchée.

Apparemment Faddéï, lui non plus, n'avait rien à regretter : l'autre Matriona avait elle aussi accouché de six enfants (parmi lesquels mon Anton, le benjamin, le fond du sac) et ils avaient tous vécu, tandis que Matriona et Efime ne pouvaient garder leurs enfants : avant même d'attteindre trois mois, et sans être malades, ils mouraient tous.

— Une de mes filles, Héléna, venait tout juste de naître, on l'a lavée, elle était vivante, elle est morte aussitôt. Il n'y a même pas eu besoin de lui faire la toilette des morts... Pareil que ma noce a eu lieu à la Saint-Pierre, pareillement j'ai enterré mon sixième, Alexandre, à la Saint-Pierre.

Et tout le village avait décidé que Matriona avait une tare.

— J'ai une *tiare*, disait encore maintenant Matriona en hochant la tête d'un air convaincu. On m'a mené soigner chez une ancienne nonne, elle me faisait tousser, elle attendait que la *tiare* me saute de la gorge sous forme d'une grenouille. Ma foi, elle n'a point sauté...

Et les ans coulaient, comme l'eau sous les ponts... En 41, on ne prit pas Faddéï à la guerre à cause de sa vue, mais en revanche on prit Efime. Et comme son aîné au cours de la première guerre, le cadet fut porté disparu au cours de la deuxième. Mais lui, il en revint pas. La maison autrefois bruyante pourrissait, vieillissait et dedans se faisait vieille Matriona l'esseulée.

Et elle avait demandé à l'autre Matriona, la chienne battue, un petit morceau de sa chair (ou une goutte du sang de Faddéï) : sa benjamine, Kira.

Dix ans qu'elle l'avait élevée ici comme si c'était sa propre fille, à la place de ceux qui n'avaient point vécu. Et peu de temps avant ma venue elle l'avait mariée à un jeune mécanicien de Tchéroustí. Ce n'est que de là que lui venait au compte-gouttes de l'aide : quelquefois du sucre, quelquefois du lard, quand ils tuaient le cochon.

Souffrant de ses douleurs, sentant sa mort prochaine, Matriona avait dès ce moment dit sa volonté dernière : le corps séparé de la *belle chambre* placé sous la même toiture irait après sa mort à Kira. Elle n'avait rien dit de l'izba elle-même. Il y avait encore ses trois sœurs qui espéraient l'avoir.

Ainsi ce soir-là, Matriona s'ouvrit tout entière à moi. Et, comme il arrive souvent, le lien et le sens de sa vie, à peine s'étaient-ils faits visibles pour moi que les mêmes jours ils entraient en mouvement. Kira arriva de Tchérousti, le vieux Faddéï s'agita. Pour se faire attribuer et conserver un bout de terrain à Tchérousti, il fallait que les jeunes mariés y aient un bâtiment quelconque, la *chambre* de Matriona convenait parfaitement. Et il n'y avait rien d'autre, puisqu'on ne pouvait se procurer de bois à bâtir. Ce n'était pas tant Kira elle-même d'ailleurs, ni son mari, que le vieux Faddéï qui s'était pour eux enflammé du désir d'arracher ce lopin à Tchérousti.

Alors il se mit à fréquenter notre maison, il vint une première fois, une deuxième, il parlait à Matriona d'un ton sentencieux, exigeant qu'elle donne dès maintenant sa *chambre* de son vivant. Ces venues-ci, il ne me parut plus ce digne vieillard appuyé sur son bâton, prêt à tomber en poussière au moindre souffle, au moindre mot grossier. Bien que courbé par un mal aux reins, mais encore bien découplé, ayant conservé, à plus de soixante ans, le noir plein de jeunesse et de sève de ses cheveux, il attaquait avec ardeur.

Matriona n'en dormit pas deux nuits. Il ne lui était pas facile de se décider. Elle ne plaignait pas la *chambre* qui restait inemployée, comme en général elle ne regrettait jamais ni sa peine ni son bien. Et la *chambre,* de toute façon, était destinée à Kira. Mais ce qui l'angoissait c'était de commencer à démolir le toit sous lequel elle avait vécu quarante ans. Même à moi son locataire, ça me faisait mal de voir arracher les planches et jeter bas les poutres de la maison. Or pour Matriona c'était la fin de toute sa vie.

Mais ceux qui insistaient savaient qu'on pouvait démolir sa maison de son vivant.

Et Faddéï s'en vint avec ses fils et ses gendres par un matin de février, et cinq haches cognèrent à la fois, les planches qu'on arrachait se mirent à crier, à grincer. Les yeux de Faddéï brillaient : il était à son affaire. Bien que son dos ne puisse se redresser tout entier, il grimpait agilement jusque sous les chevrons et s'agitait, en bas, et criait sur ses aides. Cette izba, il l'avait construite lui-même, encore gamin, autrefois, avec son père ; c'est pour lui, l'aîné, qu'on avait taillé et monté cette *chambre* afin qu'il s'y établisse avec sa femme. Et maintenant il la désarticulait, os par os, avec fureur, pour l'emmener de chez les autres.

Après avoir numéroté les poutres faîtières et les planches du plafond ils démontèrent la *chambre* avec sa soupente ; l'izba elle-même avec ses pontées racornies, ils l'isolèrent par une murette provisoire de voliges. Ils laissèrent telles quelles les fentes du mur et tout disait que démolisseurs et bâtisseurs font deux et qu'ils ne pensaient pas que Matriona ferait long feu.

Tandis que les hommes démolissaient, les femmes faisaient de l'eau-de-vie pour le jour du chargement : la vodka serait revenue trop cher. Kira avait ramené de la région de Moscou un poud de sucre, Matriona Vassiliévna portait sous le couvert de la nuit le sucre et des bonbonnes au distillateur clandestin.

Les rondins avaient été sortis et empilés devant le portail, le gendre mécanicien étant parti à Tchérousti chercher un tracteur.

Mais ce jour-là commença la tempête, la *soufflette* comme disait Matriona. Elle valsa et tourbillonna quarante-huit heures et recouvrit la route de tas de neige monstrueux. Puis, à peine eut-on un peu tassé la neige sur la route, un ou deux camions passèrent et soudain le temps se radoucit, en un jour ce fut la débâcle, les brouillards humides s'installèrent, les ruisseaux gazouillaient en se frayant leur voie dans la neige et les pieds enfonçaient jusqu'en haut de la tige de bottes.

Deux semaines la *chambre* démontée se refusa au tracteur ! Ces quinze jours-là, Matriona était comme perdue. Ce qui lui rendait la chose particulièrement pénible c'était que ses trois sœurs étaient venues et toutes en chœur l'avaient traitée d'imbécile pour avoir donné la *chambre,* avaient dit qu'elles ne voulaient plus la voir et s'en étaient allées.

En ces mêmes jours, le chat bancal quitta la maison et disparut. Tout en même temps. Cela aussi accabla Matriona.

Enfin la route impraticable gela. Vint une journée ensoleillée et on eut le cœur plus léger. Au matin de ce jour Matriona fit un bon rêve. Le matin elle apprit que je voulais photographier quelqu'un devant un vieux métier à tisser (il y en avait encore dans deux izbas, on s'en servait pour faire des serpillières) et dit avec un petit rire timide :

— Attends donc un jour ou deux, Ignatitch, que j'expédie la *chambre,* je monterai mon métier, il est en bon état, et alors tu me prendras en photo. Je te jure que c'est vrai.

Visiblement, cela lui disait de se faire représenter comme au vieux temps. Le soleil rouge d'hiver mettait un reflet légèrement rosé sur toute la surface gelée de la petite fenêtre du vestibule maintenant raccourci et ce reflet réchauffait le visage de Matriona. Ils ont toujours un beau visage, ceux qui sont en paix avec leur conscience.

En rentrant de l'école au crépuscule, je vis du mouvement près de notre maison. Les rondins étaient déjà chargés sur un grand traîneau tracté, neuf ; mais tout n'y avait pas trouvé place : la famille du vieux Faddéï et les gens qu'on avait fait venir pour aider finissaient d'en charger un autre, bricolé sur place. Tous travaillaient comme des fous, avec cette frénésie qui gagne les gens, lorsqu'on pressent la forte récompense ou la grande bombance. Ils se criaient dessus, se disputaient.

Le point en discussion était de savoir si on emmènerait les traîneaux ensemble ou séparément. Un des fils de Faddéï, le boiteux, et son gendre le mécanicien soutenaient qu'il n'était pas possible de tirer les deux à la fois, que le tracteur n'y arriverait pas. Mais le chauffeur du tracteur, un costaud à grosse gueule, sûr de lui, criait de sa voix enrouée que c'était à lui de voir, que c'était lui le *conducteur* et qu'il tirerait les deux traîneaux à la fois. Son calcul était clair : il s'était mis d'accord avec le mécanicien sur le prix du transport, non sur le nombre de trajets. Deux trajets à vingt-cinq kilomètres chaque et un retour, il n'y arriverait jamais dans la nuit. Or le matin il devait être avec son tracteur au garage où il l'avait pris en cachette pour se faire un supplément de travail.

Le vieux Faddéï avait hâte d'emmener le jour même la *chambre* tout entière ; il fit signe aux siens de céder. On accrocha le second traîneau, assemblé à la va-vite, au premier qui était solide. Matriona courait et s'activait au milieu des hommes, aidait à rouler les rondins sur le traîneau. C'est alors que je remarquai qu'elle avait mis ma veste molletonnée et avait déjà complètement sali les manches contre la boue gelée des rondins et je le lui fis remarquer avec humeur. Cette veste était pour moi un souvenir, elle m'avait réchauffé pendant les dures années. C'est ainsi que je me fâchai pour la première fois contre Matriona Vassiliévna.

— Oh ! là ! là ! ma pauvre tête ! fit-elle, perplexe. C'est que je l'ai attrapée toute courante et j'ai oublié qu'elle était à toi. Pardon, Ignatitch. Et elle l'enleva et la nuit la mit à sécher.

Le chargement était terminé et tous ceux qui y avaient travaillé, une dizaine d'hommes, passèrent à grand bruit devant ma table et plongèrent sous le rideau de la petite cuisine. J'y entendis le choc assourdi des verres, parfois le tintement d'une bonbonne, les voix se faisaient de plus en plus fortes, la vantardise plus débridée. Le chauffeur du tracteur surtout se vantait. Les lourds effluves de l'eau-de-vie parvinrent jusqu'à moi. Mais ils ne restèrent pas longtemps à boire, l'obscurité les faisait se dépêcher. Ils commencèrent à sortir. Le chauffeur sortit plein du contentement de soi, le visage dur. Le gendre mécanicien, le fils boiteux de Faddéï et encore un de ses neveux accompagneraient les traîneaux. Les autres rentraient chez eux. Faddéï agitant son bâton pressait le pas pour rattraper quelqu'un : il voulait lui faire entrer quelque chose dans la tête. Le fils boiteux s'était arrêté près de ma table pour allumer une cigarette et se mit à parler soudain, me disant combien il aimait sa tante Matriona, et qu'il s'était marié il y a peu et qu'il venait d'avoir un fils. A ce moment-là on l'appela et il s'en fut. Derrière la fenêtre j'entendis ronfler le tracteur.

Matriona la dernière sortit en toute hâte de derrière la séparation. Elle suivait des yeux les partants, en hochant la tête d'un air inquiet. Elle mit une veste molletonnée, jeta un châle sur sa tête. Sur le seuil, elle me dit :

— Ils auraient bien pu en engager deux ! Un tracteur aurait calé, l'autre aurait aidé. Mais comme ça, Dieu sait ce qui va arriver !

Et elle courut rattraper les autres.

Après la beuverie, les disputes et les allées et venues, l'izba désertée était particulièrement silencieuse ; et comme la porte avait été souvent ouverte, la chaleur en était partie. Dehors il faisait tout à fait nuit. Je me glissai moi aussi dans ma veste piquée et me mis à corriger les cahiers de mes élèves. Le tracteur s'était tu dans le lointain.

Passa une heure, une autre. Une troisième. Matriona ne revenait pas, mais je n'en étais pas surpris : après avoir fait une conduite aux traîneaux, elle avait dû aller chez son amie Macha.

Il passa encore une heure. Et encore. Non seulement les ténèbres, mais un profond silence s'étaient abattus sur le village. Je ne pus alors comprendre le pourquoi de ce silence : j'appris par la suite que c'était parce que de toute la soirée pas un train n'avait circulé sur le chemin de fer qui passait à moins d'un demi-kilomètre de chez nous. Ma radio se taisait et je remarquai que les souris étaient extrêmement agitées, comme jamais : elles couraient de plus en plus insolemment, de plus en plus bruyamment derrière les tapisseries, grattaient et piaillaient.

Je m'éveillai. Il était minuit passé et Matriona ne revenait toujours pas.

Soudain j'entendis des voix dans le village. Elles étaient encore loin, mais quelque chose me dit qu'on se dirigeait vers chez nous. Effectivement, j'entendis bientôt heurter violemment au portail. Une voix que je ne connaissais pas, impérative, criait d'ouvrir. Je pris une lampe de poche et sortis dans l'épaisse obscurité. Le village dormait, il n'y avait pas de lumières aux fenêtres et la neige en une semaine avait un peu fondu et ne donnait pas de clarté. Je tournai la clenche du bas et les fis entrer. Quatre hommes en capote passèrent dans l'izba. Ça n'est pas une chose agréable quand on vient chez vous la nuit avec bruit et en uniforme.

A la lumière je constatai cependant que deux d'entre eux avaient la capote de cheminot. L'aîné, un gros, avec une face comme celle du chauffeur de tracteur, demanda :

— Où est la maîtresse de maison ?

— Je ne sais pas.

— Et le tracteur avec les traîneaux est parti d'ici ?

— Oui.

— Ils avaient bu avant le départ ?

Tous quatre plissaient les paupières, scrutaient la

pénombre que laissait ma lampe de bureau. Je compris qu'ils avaient arrêté ou voulaient arrêter quelqu'un.

— Qu'est-il donc arrivé ?

— Répondez aux questions qu'on vous pose.

— Mais...

— Ils étaient saouls quand ils sont partis ?

— Ils ont bu ici ?

Quelqu'un avait-il été assassiné ? Où était-il interdit de transporter la *chambre* ? Ils mettaient bien de l'insistance. Une chose était claire : pour le coup de l'eau-de-vie, Matriona pourrait aller en prison.

Je reculai vers la petite porte de la cuisine et la dissimulai ainsi de mon corps.

— A vrai dire, je n'ai pas remarqué. On n'y voyait pas.

(Et effectivement, je ne voyais rien, j'entendais seulement.)

Et je fis de la main un geste d'impuissance montrant la situation dans l'izba : une paisible lumière sur mon bureau tombant sur les livres et les cahiers ; la foule des ficus apeurés ; ma rude couche d'ermite. Pas la moindre trace de débauche.

Ils avaient déjà constaté eux-mêmes qu'il n'y avait pas eu ici de beuverie. Et ils se dirigèrent vers la sortie se disant entre eux qu'on n'avait donc pas bu dans cette maison, mais qu'il aurait été bon d'avoir noté qu'on avait bu. Je les raccompagnai et cherchai à savoir ce qui était arrivé. Ce n'est qu'au portillon que l'un d'eux grommela :

— Ça les a tous écrabouillés. Pas moyen de ramasser les morceaux.

— Et ça n'est encore rien. L'express 21 a failli dérailler, c'est alors qu'on aurait vu.

Et ils s'en allèrent rapidement.

Je revins à la maison bouleversé. Qui ça, eux ? Qui ça, tous ? Et où donc est Matriona ?

Je relevai le rideau et passai dans la cuisine. Une forte odeur d'eau-de-vie me saisit à la gorge. C'était une mêlée figée : tabourets et bancs entassés, bouteilles vides couchées, une entamée, les verres, des restes de hareng, d'oignon et de lard en miettes.

Tout était mort. Seuls les cafards rampaient paisiblement sur ce champ de bataille.

On avait parlé de l'express 21. Qu'est-ce que cela venait faire ? Peut-être aurait-il fallu leur montrer tout cela ? J'étais déjà en proie à l'incertitude. Mais aussi qu'est-ce que cette maudite habitude de ne rien expliquer aux gens qui ne sont pas de l'administration ?

Tout à coup le portillon grinça. Je sortis en vitesse sur la pontée :

— Matriona Vassiliévna, c'est vous ?

La porte de la maison s'ouvrit. C'est son amie Macha qui entra, chancelante, se tordant les mains :

— Ah ! Matriona... Notre Matriona, Ignatitch...

Je la fis asseoir et elle raconta, entremêlant son récit de larmes.

Au passage à niveau, il y a une montée, ça grimpe dur. Il n'y a pas de barrière. Le tracteur est passé avec le premier traîneau, mais le câble a claqué et le deuxième traîneau, l'improvisé, est resté bloqué sur la voie et a commencé à se démantibuler : Faddéï n'avait pas donné du bon bois pour le deuxième traîneau. Ils ont éloigné un brin le premier et ils sont revenus chercher l'autre, ils essayaient d'arranger le câble, le chauffeur et le boiteux, et là même, entre le tracteur et le traîneau, il a fallu que Matriona vienne se fourrer aussi. Qu'est-ce qu'elle pouvait être utile aux hommes ? Tout le temps elle se mêlait de ce qui est l'affaire des hommes. C'est comme le cheval qui avait failli jadis la faire tomber dans le lac, sous la glace. Pourquoi a-t-il fallu qu'elle aille à ce maudit passage ? Elle avait donné sa *chambre,* elle avait fait tout son devoir, elle était quitte... Le mécanicien regardait tout le temps qu'un train ne surgisse du côté de Tchérousti, ses feux auraient été visibles de loin, mais de l'autre direction de notre gare à nous, il y avait deux locos couplées qui arrivaient, sans lumières et en marche arrière. Pourquoi elles n'avaient pas de feux, on l'ignore, mais quand une loco roule en marche arrière, le mécanicien reçoit plein de poussier du tender dans les yeux, il n'y voit guère. Ils ont fondu dessus et ils ont écrabouillé en chair à pâté les trois qui étaient entre le tracteur et le traîneau. Le tracteur bousillé, le traîneau en miettes, les rails arrachés et les deux locos sur le flanc.

— Mais comment se fait-il qu'ils n'ont pas entendu venir les locos ?

— C'est que le tracteur quand il tourne fait un de ces vacarmes !

— Et les corps ?

— On ne laisse pas approcher. On a mis des gardes partout.

— Et qu'est-ce que cette histoire d'express dont j'ai entendu parler ?... soi-disant qu'un express...

— C'est celui de dix heures qui passe notre gare sans s'arrêter et qui arrive aussi au passage. Mais quand les locos s'étaient couchées, les deux mécaniciens s'en sont tirés, ils ont sauté sur la voie et ont couru en arrière ; ils se sont arrêtés entre les rails et se sont mis à agiter les bras et ils ont réussi à arrêter le train...

Le neveu a été blessé par une poutre. A présent il se cache chez Klava pour qu'on ne sache pas qu'il était au passage à niveau. Sans quoi on l'embrigadera comme témoin !... « Jean qui ne sait » reste au chaud, « Jean qui sait » l'on mène la corde au cou... Le mari de Kira, lui, n'a pas une égratignure. Il voulait se pendre, on l'a sauvé au dernier moment. C'est à cause de moi, qu'il voulait dire, que ma tante et mon beau-frère ont péri. Tout à l'heure il y est allé seul, il s'est fait arrêter. Mais à présent ce n'est pas la prison qu'il lui faut, c'est la maison de fous ! Hélas ! Matriona, ma petite Matriona !...

Matriona n'est plus. Une personne chère a été tuée. Et dire que le dernier jour je lui ai fait des reproches à cause de ma veste.

La bonne femme peinturlurée jaune et rouge de l'affiche aux livres souriait joyeusement.

Macha resta encore un peu à pleurer. Elle s'était déjà levée pour partir quand soudain elle demanda :

— Ignatitch ! Tu te rappelles... le gilet tricoté gris qu'avait Matriona... elle l'avait promis à ma petite Tania après sa mort, pas vrai ?

Et elle me regardait avec espoir dans la pénombre : serait-il possible que j'aie oublié ?

Mais je m'en souvenais :

— Elle lui avait promis, c'est vrai.

— Alors, écoute, peut-être, si tu permets, je vais le prendre tout de suite ? Le matin toute la famille va s'amener, après je ne pourrai plus l'avoir.

Et elle me regarda de nouveau avec supplication et espoir, elle, son amie d'un demi-siècle, l'unique personne qui aimait sincèrement Matriona dans ce village...

Sans doute le fallait-il ainsi...

— Mais bien sûr... Prenez... confirmai-je...

Elle ouvrit un petit coffre, en tira le gilet, le glissa sous ses vêtements et s'en alla...

Une folie s'était emparée des souris, elles couraient en tous sens le long des murs et les tapisseries vertes roulaient en vagues presque visibles sur les dos des souris.

Le matin m'attendait l'école. Il était plus de deux heures. La seule chose à faire c'était de pousser le verrou et de me coucher.

De verrouiller la porte parce que Matriona ne viendrait pas.

Je me couchai, sans éteindre. Les souris piaulaient, gémissaient presque, et trottaient, trottaient sans cesse. Avec ma tête fatiguée, incapable de lier les choses, il m'était impossible de me défaire d'une angoisse involontaire : comme si c'était Matriona qui courait en tous sens et disait adieu à sa maison.

Et soudain dans le coin sombre près de la porte d'entrée, je me figurai voir Faddéï, jeune, noir, se tenant sur le seuil la hache brandie :

« Si ça n'avait été mon propre frère, je vous aurais abattus tous les deux. »

La menace était restée quarante ans tapie dans un coin, comme une vieille dague, et elle avait fini quand même par frapper.

3

A l'aube les femmes ramenèrent du passage à niveau sur une luge recouverte d'une toile de sac sale tout ce qui restait de Matriona. On rejeta la toile pour lui faire sa dernière toilette. C'était une bouillie : ni jambes, ni la moitié du corps, ni bras gauche. Une des femmes dit :

— Le Seigneur lui a laissé sa main droite. Elle pourra prier lc bon Dicu là-haut.

Et voici que toute la troupe des ficus que Matriona aimait au point qu'une nuit, s'étant éveillée au milieu de la fumée, elle ne s'était pas précipitée pour sauver sa maison, mais pour jeter ses ficus à terre (pour qu'ils ne crèvent pas dans la fumée) — voici qu'on sortit les ficus de l'izba. Les planches étaient balayées tout propre. On avait voilé le miroir trouble de Matriona d'une large serviette tissée à la main dans le vieux temps. On avait enlevé des murs les vaines affiches. On avait repoussé ma table près des fenêtres, sous les icônes on avait posé sur des tabourets le cercueil grossièrement assemblé.

Dans le cercueil il y avait Matriona. Son corps absent, mutilé, était couvert d'un drap propre et sa tête nouée d'un foulard blanc ; son visage était intact, paisible, plus vif que mort.

Les villageois venaient rester un moment, regarder. Les femmes amenaient même les petits pour qu'ils jettent un regard sur la morte. Et si quelqu'un commençait à pleurer, toutes les femmes, même celles qui étaient venues par pure curiosité, toutes ne manquaient pas de pleurer à leur tour de la porte ou des murs, comme pour accompagner en chœur. Les hommes, eux, restaient tout droits en silence, tête nue.

C'est aux parents qu'il revenait de mener le chœur des pleureuses. Dans les lamentations je notai un ordre froidement médité et établi de toute éternité. Les parentes éloignées se tenaient peu de temps près du cercueil et lorsqu'elles étaient à côté plaignaient à voix basse. Chaque pleureuse avait une mélodie de son invention. Et elle exprimait ses propres pensées et sentiments. Celles qui se considéraient comme les plus proches parentes de la morte commençaient les pleurs dès le seuil et, arrivées au cercueil, se penchaient pour pousser leur plainte juste au-dessus du visage de la défunte.

C'est là que j'appris que les lamentations sur une morte n'étaient point de simples lamentations, mais une manière de politique. Les trois sœurs de Matriona étaient arrivées à tire-d'aile, s'étaient emparées de l'izba, de la chèvre et du poêle, avaient mis un cadenas sur son coffre, avaient extirpé de la doublure du manteau les deux cents roubles de l'enterrement, expliquaient à tout venant qu'elles étaient les seules proches de Matriona. Et sur son cercueil elles se lamentaient ainsi :

— Hélas ! nounou-nounou ! Hélas ! petite maman ! Tu es notre seule et unique ! Et tu aurais pu vivre tranquille ! Et nous t'aurions toujours choyée ! Mais c'est ta *chambre* qui t'a tuée ! Elle t'a achevée, la maudite ! Ah ! Pourquoi donc l'as-tu démontée ? Ah ! Pourquoi donc ne nous as-tu pas écoutées ?

Ainsi les lamentations des sœurs étaient un acte d'accusation contre la famille du mari : il ne fallait pas obliger Matriona à démolir la *chambre* (et on sous-entendait : vous avez peut-être bien eu la *chambre,* mais la maison vous ne l'aurez pas).

La famille du mari : les belles-sœurs de Matriona, les sœurs d'Efime et de Faddéï plus toutes sortes de nièces s'en venaient et pleuraient ainsi :

— Hélas ! tantine-tantine ! Et comment n'as-tu point fait attention à toi ! Et sans doute maintenant ils sont fâchés contre nous ! Hélas ! notre chérie ! hé ! c'est la faute à toi ! Et la chambre n'y est pour rien. Et pourquoi donc es-tu allée là où la mort te guettait ? Et personne ne t'y poussait ! Et comment es-tu morte, comment n'as-tu pas réfléchi ! Et pourquoi donc ne nous as-tu pas écoutées ?...

(Et de toutes ces lamentations ressortait cette réponse : nous ne sommes pour rien dans sa mort, quant à l'izba on en reparlera !)

Mais la « seconde » Matriona à la large face mal dégrossie — cette Matriona de remplacement qu'autrefois Faddéï n'avait prise que pour son petit nom — n'arrivait pas à s'en tenir à cette politique et hurlait, simplette, en s'étouffant de sanglots au-dessus du cercueil :

— Mais c'est que tu es ma sœurette ! Mais est-il possible que tu m'en veuilles ? Hé ! las ! hé ! las ! Mais souventes fois on parlait et parlait ensemble ! Et pardonne-moi, pauvre de moi ! Hé ! las ! Et tu es partie vers ta mère, et, sans doute que tu viendras me chercher ! Hé ! la...as !

Dans cet « hé ! la...as ! » elle semblait mettre son dernier souffle ; et de se cogner et de se cogner la poitrine contre la paroi du cercueil. Lorsque ses lamentations transgressaient les limites rituelles, toutes disaient d'une voix, comme si elles reconnaissaient que c'était parfaitement réussi :

— Suffit ! Suffit !

Matriona s'éloignait, mais ensuite elle revenait et sanglotait plus frénétiquement encore. Alors une antique vieille sortit d'un coin et, posant la main sur l'épaule de Matriona, elle dit d'un ton sévère :

— Il y a deux mystères en ce monde : comment suis né, ne me rappelle, comment mourrai, ne sais.

Et Matriona se tut aussitôt, et toutes se turent jusqu'au complet silence.

Mais la vieillarde elle-même, beaucoup plus âgée que toutes les vieilles qui étaient ici et qui semblait bien n'avoir aucun lien de parenté avec Matriona, au bout d'un moment pleurait à son tour :

— Oh ! toi, ma douloureuse ! Oh ! toi ma Vassiliévna ! *Oh ! que je suis lasse de vous mener toutes en terre !*

Et cette fois sans plus rien de rituel, à de simples sanglots de notre temps, qui n'en est pas si dépourvu, sanglotait la malheureuse fille adoptive de Matriona, cette Kira de Tchérousti pour qui on avait transporté et démoli la *chambre*. Ses petites boucles frisées étaient piteusement défaites. Ses yeux étaient rouges, comme injectés de sang. Elle ne remarquait pas que son châle glissait dans le gel, elle ne trouvait pas les manches de son manteau. Elle allait, hébétée, d'une maison à l'autre, du cercueil de sa mère adoptive à celui de son frère, et on tremblait par-dessus le marché pour sa raison parce que son mari devait passer en jugement.

Les choses se présentaient ainsi : que son mari était doublement coupable. Non seulement c'est lui qui avait transporté la *chambre*, mais, étant mécanicien de locomotive, il devait bien connaître les règles concernant les passages à niveau non gardés et aurait dû aller à la gare prévenir du passage du tracteur. Cette nuit-là, dans l'express de l'Oural, un millier de vies humaines qui dormaient paisiblement sur les couchettes inférieures et supérieures à la lueur indécise des veilleuses auraient pu être brutalement interrompues. A cause de la cupidité d'une poignée d'individus qui voulaient mettre la main sur un lopin de terre ou ne pas faire un second voyage avec le tracteur.

A cause de la *chambre* sur laquelle était tombée la malédiction sitôt que les mains de Faddéï s'étaient prises à la démolir.

Au demeurant, le chauffeur du tracteur avait échappé à la justice humaine. Quant à la direction des Chemins de fer, elle portait sa part de responsabilité, puisque ce passage à niveau très fréquenté n'était pas gardé et que les locomotives couplées roulaient tous feux éteints. C'est bien pourquoi on s'était d'abord efforcé de tout mettre sur le compte de l'ivresse et essayait maintenant d'étouffer l'affaire.

Les rails et la voie avaient été si joliment esquintés que trois jours durant, tant que les cercueils étaient exposés dans les maisons, les trains ne circulèrent pas, on les détournait sur un autre embranchement. Tout vendredi, tout samedi et dimanche, du début de l'enquête à l'enterrement, nuit et jour, on réparait la voie au passage à niveau. Les ouvriers gelaient et pour se réchauffer et s'éclairer la nuit ils faisaient des brasiers avec les planches et les rondins gratuits du deuxième traîneau qui étaient éparpillés près du passage à niveau.

Quant au premier traîneau, tout chargé, intact, il restait tel quel, à peu de distance, de l'autre côté du passage.

Et c'était ça surtout, le fait qu'un traîneau le taquinait, l'attendait avec son câble de remorque prêt et qu'il était encore possible d'arracher le second aux flammes, c'était ça qui tourmentait Faddéï barbe noire, tout vendredi et tout samedi. Sa fille devenait folle, son gendre était sous la menace du tribunal, dans sa propre maison était exposé le corps de son fils dont il avait causé la mort, dans la même rue une femme qu'il avait tuée et dont il avait été autrefois amoureux ; Faddéï ne venait qu'un instant près des cercueils, se tirait la barbe. Son haut front était assombri de pénibles pensées, mais ce à quoi il pensait c'était comment arracher les rondins de la *chambre* aux flammes et aux manigances des sœurs de Matriona.

Passant en revue les habitants de Talnovo, je compris que Faddéï n'était pas le seul de son espèce au village.

Qu'étrangement notre langue appelle notre *bien* celui du peuple ou le mien, notre propriété. Et le perdre est considéré comme honteux et stupide devant les hommes.

Faddéï courait, sans même prendre le temps de s'asseoir, tantôt à la cité, tantôt à la gare, d'une administration à l'autre, et avec son dos qui ne se redressait pas, appuyé sur son bâton, suppliait chacun de prendre en pitié son grand âge et de lui donner l'autorisation de ramener la *chambre.*

Et quelqu'un lui donna cette autorisation. Et Faddéï rassembla ses fils, gendres et neveux rescapés et se procura des chevaux au kolkhoze et de l'autre bord du passage à niveau dévasté, en faisant un détour par trois villages, il charria ce qui restait de la *chambre* dans sa cour. Il en eut terminé dans la nuit de samedi à dimanche.

Et dimanche, dans la journée, ce fut l'enterrement. Les deux cercueils se rejoignirent au milieu du village, les parents discutèrent pour savoir lequel passerait devant. Puis on les mit côte à côte sur un traîneau, la tante et le neveu et, sur la croûte de glace de février à nouveau humide sous le ciel maussade, on conduisit les morts au cimetière de l'église, à deux villages de chez nous. Il faisait un temps venteux, hostile et le pope, avec son diacre, attendaient à l'église et ne vinrent point les chercher à Talnovo.

Jusqu'à la barrière du village, les gens allaient lentement et chantaient en chœur. Puis ils se laissèrent distancer.

La veille encore de ce dimanche, les femmes ne cessaient de s'affairer dans notre izba : l'ancêtre marmonnait des psaumes près du cercueil, les sœurs de Matriona s'activaient près du poêle russe, dont le front dégageait une chaleur d'enfer, bourré qu'il était de braises, de tourbe, de celle que Matriona rapportait dans un sac d'un lointain marais. On faisait de détestables petits pâtés avec de la mauvaise farine.

Le dimanche, lorsqu'on fut rentré de l'enterrement, c'était déjà vers le soir, on se réunit pour le repas funéraire. Les tables mises bout à bout couvraient même la place où le matin était posé le cercueil. D'abord, tous restèrent debout autour de la table commune et un vieillard, le mari d'une belle-sœur, lut le « Notre Père ». Puis on versa de l'eau de miel à chacun, de quoi juste couvrir le fond de son écuelle. Nous la mangeâmes à la cuiller, sans rien, pour le repos de son âme. Puis on mangea quelque chose en buvant de la vodka et les conversations s'animèrent. Avant la gelée de baies, tous se levèrent et chantèrent le *Souvenir éternel* (on m'expliqua que c'était comme ça, que ça se chantait obligatoirement avant la gelée). On but de nouveau. Et on parlait encore plus haut et plus du tout de Matriona. Le mari de la belle-sœur se mit à se vanter :

— Avez-vous remarqué, orthodoxes, qu'on chantait bien lentement le service aujourd'hui ? C'est parce que le père Mikhaïl m'avait remarqué. Il sait que je connais l'office, moi. Sans quoi, vite un *Pater,* vite un *Ave,* pour votre argent vous en avez fini.

Enfin, le dîner s'acheva. Tous se levèrent ensemble de nouveau. On chanta le *Elle est digne*. Et, de nouveau, en répétant trois fois : éternel souvenir, éternel souvenir, éternel souvenir ! Mais les voix étaient enrouées, désaccordées, les visages ivres et personne ne mettait plus de sentiment dans ce souvenir éternel.

Puis le gros des invités s'en alla, ne restèrent que les parents les plus proches, on tira les cigarettes, on se mit à fumer, des plaisanteries jaillirent, des rires. La conversation tomba sur le mari de Matriona, disparu à la guerre et le mari de la belle-sœur, se cognant la poitrine du poing, démontrait à moi et au cordonnier, mari d'une des sœurs de Matriona :

— Il est mort, Efime, il est mort ! Comment qu'il aurait pu ne pas revenir ? Si même j'avais su qu'on me pendrait dans ma patrie je serais quand même revenu !

Le cordonnier acquiesçait de la tête. C'était un déserteur ; et la patrie, il ne s'en était jamais séparé : toute la guerre, il était resté caché dans la cave de sa mère.

Là-haut, sur le poêle, était assise cette vieille femme sévère et taciturne, plus ancienne que les plus anciennes, qu'on avait laissée à coucher. Elle regardait de son haut, muette, l'air réprobateur, cette jeunesse de cinquante et soixante ans à l'animation inconvenante.

Et seule la malheureuse fille adoptive qui avait été élevée dans ces murs était passée derrière la cloison pour y pleurer.

Faddéï n'était pas venu au repas funéraire de Matriona : était-ce parce qu'il y avait celui de son fils ? Mais, les jours suivants, il vint deux fois, l'air hostile, dans cette maison, pour négocier avec les sœurs Matriona et le cordonnier déserteur.

La contestation portait sur l'izba : à qui revenait-elle ? A la sœur ou à la fille adoptive ? Déjà, il était question d'écrire au tribunal, mais ils se réconcilièrent, se disant à la réflexion que le tribunal ne donnerait l'izba ni aux uns ni aux autres mais au soviet rural. Le marché fut conclu. Une des sœurs prit la chèvre, l'izba revint au cordonnier et à sa femme et on porta au compte de Faddéï, vu qu'« il avait ici cajolé de ses mains chaque bout de bois », la *chambre* qu'il avait déjà transportée chez lui et, de surcroît, on lui céda la remise où vivait la chèvre et toute la clôture intérieure qui séparait la cour du jardin.

Et, de nouveau, surmontant sa faiblesse et ses

douleurs, l'insatiable vieillard s'anima et rajeunit. De nouveau, il réunit ses fils et ses neveux rescapés, ils démolirent le hangar et la clôture et il transporta lui-même le bois sur une luge et, vers la fin seulement, il se fit aider par son Enton de 8e D qui, cette fois, ne fit pas montre de paresse.

On condamna la maison de Matriona jusqu'au printemps et j'allai m'installer non loin de là, chez une de ses belles-sœurs. Par la suite, cette dernière rappelait à divers propos des faits concernant Matriona et ce fut comme si elle m'éclairait d'un angle différent la figure de la morte.

— Efime ne l'aimait pas. Il disait « j'aime m'habiller comme un civilisé et elle n'importe comment, comme à la campagne ». Bon, eh bien, puisqu'elle n'a besoin de rien, façon de dire, il se mit à boire tout l'argent qu'il avait de trop. Et, une fois qu'on était allés ensemble à la ville pour se faire de l'argent, il s'est trouvé une bonne amie, il ne voulait plus revenir chez Matriona.

Tous ses propos sur Matriona étaient désapprobateurs : et elle était mal tenue, et elle se moquait bien de monter sa maison, et elle n'était pas économe, et elle n'avait même pas de goret, Dieu sait pourquoi elle n'aimait pas élever et, la sotte, elle aidait les gens pour rien (et l'occasion justement d'évoquer Matriona avait été qu'il n'y avait personne à appeler pour s'atteler à l'araire et labourer le jardin).

Et même la bonté et la simplicité de Matriona, que sa belle-sœur lui reconnaissait, elle en parlait avec une compassion méprisante.

Et c'est alors seulement — de ces propos désapprobateurs de sa belle-sœur — que surgit à mes yeux l'image de Matriona, que je n'avais pas comprise, même en vivant à ses côtés.

C'est bien vrai qu'il y a un goret dans chaque maison ! Mais elle, elle n'en avait pas. Quoi de plus simple que d'élever un porcelet avide qui ne reconnaît au monde que la nourriture ! lui préparer sa pâtée trois fois par jour, vivre pour lui et ensuite le tuer et avoir du lard.

Mais elle, elle n'en avait pas…

Elle se moquait bien de monter sa maison…

Elle ne s'éreintait pas pour s'acheter des choses et ensuite les garder plus précieusement que sa propre vie.

Elle ne courait pas après les atours. Après les vêtements qui ornent les laids et les malfaisants.

Incomprise, abandonnée même par son mari, ayant enterré six enfants mais non son naturel sociable, étrangère pour ses sœurs, ses belles-sœurs, ridicule, travaillant stupidement gratis pour les autres — elle n'avait pas accumulé d'avoir pour le jour de sa mort. Une chèvre blanc sale, un chat bancal, des ficus…

Et nous tous qui vivions à ses côtés n'avions pas compris qu'elle était ce juste dont parle le proverbe et sans lequel il n'est village qui tienne.

Ni ville.

Ni notre terre entière.

L'INCONNU
DE KRETCHETOVKA

— ALLEU, le dispatcher ?
— Et alors.
— Qui ai-je au bout du fil ? Diatchikine ?
— Et alors.
— Vous, avec vos « et alors », je me demande si c'est Diatchikine ?
— Les citernes de la voie 7, envoie-les sur la 3. Oui, c'est moi.
— Ici, le lieutenant Zotov, adjoint au commissaire de la gare. Dites-moi un peu, mais qu'est-ce que vous fabriquez ? Pourquoi vous n'avez pas encore fait partir à Lipetsk le train 660... combien, Valia ?
— 78.
— 678.
— On n'a rien pour le tirer.
— Comment rien ?
— Pas de locomotive, quoi. Varnakov ? Varnakov, tu les vois sur la 6, les quatre wagons plates-formes avec du charbon ? Amène-les au même endroit.
— Ecoutez, vous n'avez pas de locomotive, mais moi j'en vois six à la file par la fenêtre.
— C'est un chapelet.
— Comment ça, un chapelet ?
— De locomotives. Ça vient du cimetière. Pour les évacuer.

— Ben, très bien, mais des machines de manœuvre, vous en avez deux.

— Camarade lieutenant ! Des machines de manœuvre, c'est trois que j'en ai vu, moi !

— J'ai à côté de moi le chef d'escorte du train, il me dit qu'il y en a trois. Donnez-m'en une.

— Celles-là, pas possible.

— Qu'est-ce que ça veut dire, pas possible ? Vous vous rendez compte de ce qu'il représente, ce chargement ? On n'a pas le droit de le laisser en plan une seule minute et vous...

— Fais monter.

— ... et vous, voilà bientôt douze heures que vous l'immobilisez !

— Non, pas douze heures.

— C'est quoi chez vous, une crèche ou un dispatching ? Qu'est-ce que c'est que ces marmots qui braillent ?

— Ça s'amène de partout ici. Camarade, combien de fois faut-il vous le répéter ? Sortez d'ici. Je ne peux faire partir personne. Même les convois militaires restent en souffrance.

— C'est du sang en conserve qu'il y a dans ce train. Pour un hôpital militaire ! Comprenez à la fin !

— Je comprends tout. Varnakov ? Bon, maintenant décroche, va au réservoir d'eau, prends les dix autres.

— Ecoutez. Si d'ici une demi-heure vous n'avez pas mis en route ce convoi, j'en informerai les autorités. Ce n'est pas une plaisanterie ! Vous en répondrez !

— Vassili Vassiliévitch ! Passez-moi l'appareil, je vais...

— Je vous passe le dispatcher militaire.

— Nikolaï Pétrovitch ? Ici Valia Podchébiakina. Ecoute, qu'est-ce qui se passe au dépôt ? Il y a déjà eu une S.G.P. (1) de chargée.

— Eh bien, camarade sergent, c'est comme ça, vous

(1) Locomotive de Sormovo à grande puissance.

irez au wagon d'escorte et si d'ici quarante minutes... Bon, si d'ici six heures et demie vous n'êtes pas encore parti, vous viendrez m'en informer.

— A vos ordres. Puis-je disposer ?

— Allez.

Le chef d'escorte exécuta un demi-tour raide impeccable, laissa retomber sa main au premier pas et sortit de la pièce.

Le lieutenant Zotov rajusta ses lunettes qui conféraient une mine sévère à son visage qui ne l'était pas du tout, regarda le dispatcher militaire, une jeune fille en uniforme des chemins de fer du nom de Valia Podchébiakina, il la vit, ses épaisses boucles blondes répandues sur les épaules, parler dans le récepteur démodé d'un téléphone vieux jeu, et il quitta le petit bureau de Valia pour le sien, pas plus grand et sans autre porte d'accès.

Le bureau du commissaire de la ligne occupait l'angle du bâtiment au rez-de-chaussée et, au-dessus, juste sur cet angle, il y avait une gouttière éventrée. La trombe d'eau qu'on entendait jaillir à l'extérieur poussée par les rafales de vent retombait tantôt sur le quai, devant la fenêtre gauche, tantôt dans un passage sans issue, devant la fenêtre droite. Après les premières gelées sèches d'octobre où l'aube surprenait toute la gare enrobée de givre, le temps avait tourné à la pluie ces derniers jours et, depuis la veille, il tombait sans désemparer une pluie froide à se demander comment il pouvait y avoir tant d'eau dans le ciel.

En revanche, la pluie avait rétabli l'ordre : on ne voyait plus cette bousculade effrénée, ce perpétuel grouillement de civils sur les quais et parmi les voies, qui entravaient l'activité de la gare et lui donnaient un air minable. Tout le monde se cachait, personne ne se glissait à quatre pattes sous les wagons, ne grimpait sur les marchepieds ; la population locale ne se pressait pas avec des seaux de patates bouillies, les voyageurs des trains de marchandises ne se baladaient pas entre les trains comme à la foire aux puces, exhibant sur les épaules et les bras linge, effets et tricots. (Ce commerce indignait profondément le lieutenant Zotov ; si on n'avait pas le droit de le tolérer, on ne pouvait l'interdire ; il n'y avait pas de distribution de vivres pour les réfugiés.)

Seul le personnel en service n'avait pas été chassé par la pluie. On voyait par la fenêtre la sentinelle juchée sur un wagon plate-forme au chargement sous bâche, il ruisselait, debout sous l'averse, et n'essayait même pas de se secouer. Sur la voie 3, la locomotive manœuvrait, amenant les citernes, et l'aiguilleur, sous son ciré à capuchon, lui adressait des signaux du manche de son drapeau. Enfin, la silhouette sombre, menue, d'un cheminot longeait le train de la voie 2, plongeant sous chacun des wagons.

Tout n'était plus que gouttes drues, obliques. Dans la bise froide et incessante, la pluie frappait les toits, les parois des wagons de marchandises, le poitrail des locomotives, fouettait les longerons en métal tordu, rougis par les flammes, d'une vingtaine de carcasses de wagons (les carrosseries avaient brûlé dieu sait où dans un bombardement, mais comme les châssis étaient restés intacts, on les évacuait à l'arrière) ; elle inondait les quatre canons divisionnaires chargés sur les wagons plates-formes ; elle se fondait avec le soir qui descendait et voilait de gris le premier disque vert du sémaphore ainsi que, çà et là, les flambées d'étincelles pourpres qui s'échappaient des tuyaux de poêle de wagons à bestiaux pleins de voyageurs. L'asphalte du quai 1 était entièrement envahi par une eau criblée de bulles cristallines qui ne pouvait s'écouler ; même dans la pénombre, on voyait luire les rails mouillés, même le remblai brun soutenu imbibé d'eau était semé de flaques frémissantes.

Pas le moindre son qui s'exhalât de tout ceci, si ce n'était le tremblement sourd de la terre et la trompette ténue de l'aiguilleur, les sirènes des locomotives ayant été interdites dès le premier jour de guerre.

Seule la pluie grondait dans la gouttière crevée.

Derrière l'autre fenêtre, dans l'étroit passage près de la palissade des hangars, poussait un jeune chêne. Ballotté, trempé, il avait encore gardé quelques feuilles foncées, mais les dernières, aujourd'hui, étaient emportées.

Il n'avait plus le temps de regarder, debout à la fenêtre. Il fallait dérouler les stores de camouflage, allumer la lumière et se mettre au travail. Il y avait encore beaucoup à faire avant la relève, jusqu'à neuf heures.

Zotov n'abaissa pas le store, il retira la casquette d'uniforme à bandeau vert qui, pendant les heures de service, ne quittait jamais sa tête, même lorsqu'il était dans son bureau, il retira ses lunettes et frotta lentement du bout des doigts ses yeux fatigués d'avoir copié les numéros codés des convois d'un bordereau sur l'autre. Non, ce n'était pas la fatigue, mais le cafard qui s'insinuait en lui en ce jour qui s'éteignait avant l'heure et qui le lancinait.

Ce n'était pas à cause de sa femme restée au loin, en Biélorussie, occupée, avec un enfant à naître. Ni de son passé perdu, parce que Zotov n'avait pas encore de passé. Ni de ses biens perdus, parce qu'il ne possédait rien et n'aurait jamais voulu rien posséder.

Ce sentiment d'accablement, ce besoin de hurler à pleine voix, lui venait de la tournure prise par la guerre et atrocement incompréhensible. Les communiqués du bureau d'information ne permettaient pas de situer la ligne du front, on pouvait discuter pour savoir à qui appartenait Kharkov, à qui appartenait Kalouga. Mais les cheminots savaient pertinemment qu'on n'envoyait plus de trains direction Toula, au-delà d'Ouzlovaïa, et que par Eletz ils n'allaient guère plus loin que Verkhovié. Çà et là, des bombardiers piquaient des raids jusqu'à la ligne Riazan-Voronèje, où ils larguaient quelques bombes, Krétchétovka en avait eu sa part. Une dizaine de jours plus tôt, deux motards allemands égarés, sortis on ne sait d'où, avaient fait irruption dans Krétchétovka, déchargeant leurs mitraillettes au passage. Un des deux s'était fait descendre, le second avait pris la fuite, mais le bruit de la fusillade avait semé la panique à la gare, si bien que le chef du détachement de sécurité chargé de démolir les objectifs à évacuer avait fait sauter le réservoir d'eau chargé au préalable de trinitrotoluène. On avait appelé le train de réparation, lequel depuis plus de deux jours était à pied d'œuvre.

Mais il ne s'agissait pas de Krétchétovka, non, il s'agissait de savoir pourquoi la guerre se déroulait ainsi. Non seulement la révolution n'avait pas gagné toute l'Europe, non seulement l'Union soviétique n'y avait pas pénétré sans effusion de sang envers et contre toutes les machinations des agresseurs, mais à présent, la question était de savoir : jusqu'à quand ? Quoi qu'il fît dans la journée et le soir en se couchant, Zotov ne cessait de se demander jusqu'à quand. Lorsqu'il n'assurait pas son service mais dormait chez lui, il se réveillait à six heures quand la radio diffusait le réveil matinal, obsédé par l'espoir d'entendre aujourd'hui retentir un communiqué de victoire. Mais il ne sortait désespérément du pavillon noir que les mots : direction Viazma, direction Volokolamsk et ces noms lui serraient le cœur : n'allait-on pas livrer Moscou, elle aussi ? Zotov craignait de se poser cette question à lui-même et pas seulement à haute voix (à haute voix, c'était dangereux), il y pensait sans arrêt et s'évertuait à n'y point penser.

Toutefois, cette lugubre question n'était pas la dernière. Livrer Moscou ce n'était pas encore le comble du malheur. Moscou, on l'avait bien livrée à Napoléon. Une autre question le torturait : et ensuite ? Jusqu'à l'Oural ?...

Pour Vassili Zotov, c'était un crime que d'effleurer simplement ces terrifiantes questions. C'était une réprobation, c'était une offense à l'encontre du Père et Maître tout-puissant, au savoir universel, toujours à sa place, qui prévoyait tout, prenait toutes les mesures voulues, à qui rien n'échappait.

Mais les cheminots qui étaient allés à la mi-octobre à Moscou en revenaient et racontaient des choses effarantes et inconcevables : des directeurs d'usine en fuite, des histoires de pillages de caisses d'Etat ou de magasins à tel endroit et le tourment muet étreignait à nouveau le cœur du lieutenant Zotov.

Récemment, alors qu'il se rendait à Krétchétovka, il avait passé deux jours parmi les commandants de réserve. Il y avait eu une soirée organisée par des artistes amateurs et un lieutenant fluet, à la figure pâle, aux cheveux retombant sur les épaules, avait récité un poème de sa composition que personne n'avait contrôlé au préalable, qui était donc le cri du cœur. Sur le coup, Vassili ne croyait pas avoir retenu ces vers, mais par la suite, certains avaient émergé dans sa mémoire. Et, à présent, qu'il marchât dans Krétchétovka, qu'il se rendît en train au commissariat central du nœud ferroviaire ou en charrette au soviet rural où il était chargé de l'instruction militaire des jeunes et des invalides, Zotov répétait et repassait en mémoire ces vers, comme s'ils étaient de lui :

Nos hameaux sont en feu, nos villes en fumée
Et taraude sans fin nos cœurs hallucinée
Une seule pensée : et quand donc ? quand donc ? quand
Arrêtons-nous leur élan ?

Et d'autres encore, à peu près :

Si l'œuvre de Lénine en ces jours doit crouler
A quoi bon resterais-je en vie ?

Zotov non plus ne tenait pas à sauver sa vie depuis qu'avait commencé la guerre. Le sens de sa petite vie se mesurait à l'aide qu'il pouvait apporter à la Révolution. Mais il avait eu beau réclamer son envoi en première ligne, il était resté bloqué au contrôle des chemins de fer.

En réchapper pour lui-même était dépourvu de sens. Pour sa femme ou pour son futur enfant, cela n'était pas non plus indispensable. Mais si les Allemands arrivaient jusqu'au lac Baïkal et qu'un miracle lui eût conservé la vie, Zotov savait qu'il irait à pied en Chine par Kiakhta, ou en Inde, ou bien qu'il franchirait l'océan, il partirait dans le seul but de s'intégrer à des unités qui auraient repris des forces et de retourner, les armes à la main, en Russie, en Europe.

Debout dans l'obscurité, aux sons de la pluie battante, cinglante, et des rafales de vent, il répétait, roulé en boule, les vers du lieutenant.

Plus les ténèbres s'épaississaient et plus la portière du poêle chauffé à bloc se détachait, rouge cerise ; un faisceau jaune diffus était projeté par la porte vitrée de la pièce voisine où le dispatcher militaire du commissariat au peuple aux voies et communications avait allumé la lumière.

Si Valia ne dépendait pas de l'adjoint au commissaire de la gare, elle ne pouvait toutefois pas se passer de lui dans son travail, parce qu'elle n'avait pas le droit de connaître le contenu et la destination des convois, mais uniquement les numéros des wagons. Ces numéros lui étaient apportés par Frossia, la marqueuse de wagons, qui entrait justement en tapant lourdement ses pieds contre le sol.

— Un vrai déluge, c'te pluie-là, gémit-elle. Un déluge ! M'est avis pourtant que ça baisse un brin.

— Il faut aller mettre le numéro sur le 765, Frossia, dit Valia.

— Bon, j'y vais. Laisse-moi régler ma lanterne.

La porte n'était pas épaisse ni bien fermée et Zotov entendait tout.

— Une chance encore que j'aie touché mon charbon, disait Frossia. A présent plus rien ne me fait peur, avec mes patates, ça ira pour les gosses. Dachka

Mélentiéva, elle, n'a pas fini d'arracher les siennes. Essaie un peu d'aller remuer cette bouillasse.

— Dis donc, Frossia, ça pince. C'est fou ce que ça se refroidit.

— L'hiver va être de bonne heure cet an-ci. La guerre et cet hiver si vite venu !... Combien vous en avez ramassé vous, de patates ?

Zotov soupira et se mit à camoufler les fenêtres, ajustant soigneusement le store à l'encadrement pour ne pas laisser la moindre fente lumineuse.

Non, cela vraiment il n'arrivait pas à le comprendre, cela le choquait et lui donnait une sensation de solitude. Tous ceux qui, autour de lui, travaillaient étaient en apparence aussi frappés que lui en écoutant les communiqués, ils s'éloignaient des haut-parleurs avec la même douleur muette. Mais Zotov observait la différence, ceux qui l'entouraient semblaient avoir quelque chose d'autre dans leur vie que les nouvelles du front, ils arrachaient leurs pommes de terre, trayaient leurs vaches, sciaient leur bois, badigeonnaient leurs carreaux. De temps à autre, ils en parlaient et cela les occupait davantage que ce qui se passait à la guerre.

Ah ! la sotte femme, en vérité ! Elle a eu son charbon et désormais « plus rien ne lui fait peur ». Pas même les chars de Guderian ?

Le vent secouait l'arbrisseau du hangar et, dans l'autre fenêtre, une des petites vitres tintait imperceptiblement.

Zotov abaissa le dernier store et alluma. Soudain, dans cette pièce nue, mais chaude et impeccablement nettoyée, il se sentit à son aise, comme en sécurité, et c'est revigoré qu'il se mit à penser à tout.

La table était placée juste sous l'ampoule, en plein milieu de la pièce ; derrière, à côté du poêle, le coffre-fort et, près de la fenêtre, une vieille banquette de gare en chêne, à trois places, avec dossier (sur ce dossier, le nom de la ligne ressortait en grosses lettres gravées dans le bois). On pouvait s'y allonger la nuit, mais l'occasion se présentait rarement au cours du travail. Il y avait encore deux chaises rustiques. Un portrait en couleurs de Kaganovitch, en uniforme des chemins de fer, était accroché au mur entre les fenêtres. Avant, il y avait eu aussi une carte des voies de communication, mais le capitaine commissaire de la gare l'avait fait décrocher, le public avait accès à cette pièce et vous comprendrez, au cas où il y aurait un ennemi dissimulé parmi eux, il pourrait y glisser un œil et apprendre où conduit telle ou telle voie.

— Je me suis trouvé des bas, se vantait Frossia dans la pièce voisine. Je leur ai échangé une paire de bas de soie contre cinq croquettes de pommes de terre. Si ça se trouve, des bas on n'en verra plus jusqu'à la fin de la guerre. Dis-lui à ta mère qu'elle ne s'endorme pas, faut qu'elle fasse un quelque chose avec ses patates et qu'elle aille le porter aux trains. Ça s'arrache. La Grounka Mostrioukova, elle a eu commme ça l'autre jour un machin fantastique : une chemise de nuit de dame, qu'elle me raconte, mais alors fendue à des endroits... à crever de rire ! Les femmes du pays se sont amenées chez elle, histoire de la voir essayer la chemise, une rigolade à s'en faire péter les tripes !... Et puis aussi on peut avoir du savon et pas cher. A présent, le savon c'est introuvable, pas moyen d'en acheter. Dis à ta mère qu'elle ne s'endorme pas !

— C'est que, Frossia, je ne sais pas...

— Ben quoi, t'as pas besoin de bas.

— J'en ai grand besoin, oh ! oui, mais ça me gêne... à ces réfugiés...

— C'est chez eux justement qu'il faut se servir. Ça a des coupons, ça a des complets, ça a du savon, ma parole, ils se sont équipés comme pour aller vendre à la foire. Y a de ces gros lards parmi eux, il leur faut du poulet, ma chère, ils ne veulent rien d'autre ! Même y en a qui en ont vu avec des billets de cent et des liasses de billets et plein les valises. C'est-il qu'ils auraient dévalisé une banque ? Mais nous, l'argent, on n'en veut pas, vous pouvez vous l'emporter, votre fric.

— Oui, mais tiens, tes locataires...

— Ceux-là, ça ne se compare pas. Rien à se mettre, ils ont fichu le camp de Kiev avec ce qu'ils avaient sur le dos, c'est à se demander comment ils ont fait pour arriver jusqu'ici. La Pauline s'est casée à la poste, comme salaire c'est pas mirobolant, mais l'argent qu'est-ce qu'on en a à faire ? J'ai emmené la mémé à la cave, je lui ai ouvert la porte, tiens, que je lui fais, sers-toi des patates, sers-toi de chou salé et, pour la chambre, je ne veux rien. Ma petite Valia, les pauvres, je les ai toujours en pitié, mais les riches, je suis sans merci.

Il y avait deux téléphones sur le bureau de Zotov : le premier, propriété des chemins de fer, un antique appareil à manivelle en bois jaune, comme celui du dispatcher militaire ; le second lui appartenait, un vibrateur de campagne relié au bureau du capitaine et à la salle des gardiens du centre de ravitaillement. Les hommes de ce dépôt constituaient l'unique force armée du commandement militaire de Krétchétovka, bien qu'ils eussent pour mission essentielle de garder les provisions. C'étaient eux quand même qui s'occupaient des poêles, du ménage, ici, et à présent un seau de charbon, de gros morceaux brillants, était en attente devant le poêle : chauffez tant que vous voulez.

L'appareil des chemins de fer sonna. Zotov, qui venait de surmonter son coup de cafard du soir, courut vivement à la table, saisit le récepteur, enfonça sa casquette de l'autre main et se mit à crier sa réponse dans le téléphone. Quand le coup de fil venait de loin, il criait toujours, parfois parce qu'on entendait mal, mais le plus souvent par habitude.

L'appel venait de Bogoiavlenskaïa, on demandait de préciser quelles *notes de route* il avait déjà reçues, lesquelles pas encore. Les notes de route, instructions en code du commissaire de la gare précédente, concernant la nature et la destination des convois, étaient transmises télégraphiquement. Une heure plus tôt, Zotov en avait lui-même porté un paquet à la télégraphiste qui lui en avait remis d'autres. Il devait rapidement examiner ces dernières, déterminer les transports qui pouvaient être groupés avec d'autres à destination de telle ou telle gare, donner ses ordres au dispatcher militaire des chemins de fer et adresser de nouvelles notes de route, dont il garderait et classerait les doubles.

Sitôt posé le récepteur, Zotov se précipita sur sa chaise, pencha ses yeux de myope sur la table et se plongea dans ses papiers.

Mais, à nouveau, le bruit dans la chambre voisine vint le gêner. Un homme y était entré à grands coups de bottes et il jetait sur le sol une sacoche qui rendit un son de ferraille. Frossia lui demandait des nouvelles du temps, s'est-elle calmée, cette pluie ? Il lui jeta une réponse entre les dents et, crut comprendre Zotov, s'assit.

(A la vérité, le jet de la gouttière endommagée était moins violent, par contre le vent grandissait et cognait aux fenêtres.)

— Qu'est-ce que tu dis, grand-père ? cria Valia.

— Je dis que ça froidit, répondit le vieil homme d'une voix encore prise.

— T'es pas sourd, pourtant, Gavrila ? cria à son tour Frossia.

— J'entends, répondit le vieillard. Sauf que ça me claquotte dans l'oreille.

— Comment tu fais pour vérifier tes wagons, alors ? C'est qu'il faut taper sur les attelages.

— Ça empêche pas d'y voir.

— Valia, toi tu sais sûrement pas, il est d'ici, de Krétchétovka, il s'appelle Kordoubaïlo. Les vérificateurs de toutes les gares autant qu'ils sont, c'est ses élèves à lui. Avant la guerre, ça faisait déjà dix ans qu'il chauffait ses vieux os sur le poêle. Ben, tu vois, il en est redescendu.

Et la Frossia de repartir sans cesse dans ses histoires, ce bavardage commençait à agacer Zotov, il était déjà prêt à aller la menacer lorsqu'on se mit à côté à commenter un incident qui s'était produit la veille avec un convoi de soldats sortis de l'encerclement.

C'était son coéquipier, adjoint au commissaire de la gare au même titre que lui, qui l'avait mis au courant. Il avait été obligé de prendre lui-même les mesures voulues, étant donné que Krétchétovka n'avait pas de police militaire. Donc, la veille au matin, deux convois étaient entrés en gare l'un à côté de l'autre : le premier, en provenance de Chtchigry, via Otrojka, transportait trente wagons de soldats qui avaient fui l'encerclement et, pour ces trente wagons pleins d'hommes aux abois, il n'y avait que cinq représentants du Commissariat du peuple à l'Intérieur, lesquels, évidemment, étaient totalement impuissants. L'autre convoi, venu en sens inverse de Rtichtchev, était chargé de farine. Une partie dans des wagons plombés, l'autre en sacs dans des wagons-tombereaux. Les hommes avaient eu vite fait de comprendre de quoi il retournait et ils étaient montés à l'assaut des wagons-tombereaux, les avaient escaladés, avaient éventré les sacs à coups de couteau, rempli leurs gamelles, transformé leurs vareuses en sacs pour les bourrer de farine. Deux hommes de l'escorte chargés de protéger le convoi étaient postés sur la voie, l'un en tête, l'autre en queue. Le premier, un petit jeunot, avait crié plusieurs fois de ne pas y toucher, mais personne ne l'avait écouté et aucun de ses camarades à l'abri dans le wagon d'escorte n'était venu à sa rescousse. Si bien qu'il avait braqué son fusil, tiré, et cet unique coup de feu avait touché à la tête un des soldats juché sur les sacs.

Zotov les écoutait, il les écoutait discuter à côté, ah ! non, ce n'était pas ce qu'il fallait dire, ils ne comprenaient pas les choses comme il faut ! Il ne put s'empêcher d'aller leur donner des explications. Il ouvrit la porte et, sur le seuil, les regarda tous l'un après l'autre derrière ses naïves lunettes rondes.

Valia, toute mince, était assise à son bureau encombré de bordereaux et de graphiques à carreaux multicolores.

La fenêtre, munie du même store en papier bleu marine, était bordée par un banc rustique, sur lequel était assise Frossia, entre deux âges, épaisse, un tempérament autoritaire, viril, comme l'ont souvent les femmes russes accoutumées à mener leur barque seules, au travail comme à la maison. Le ciré gris-vert trempé qu'elle portait pendant ses heures de travail était accroché, recroquevillé, contre le mur, elle avait des bottes mouillées aux pieds, un manteau noir civil élimé et arrangeait la lampe qu'elle avait retirée de la lanterne rectangulaire.

Un papier rose était apposé sur la porte d'entrée, un de ceux qu'on voyait partout à Krétchétovka : « Attention au typhus ! » Le papier de l'affichette avait la couleur rose malsain des éruptions du typhus exanthématique ou bien des longerons métalliques brûlés des wagons bombardés.

Près de la porte, mais un peu vers le poêle, le vieux Kordoubaïlo était assis à même le plancher, adossé au mur pour ne pas salir. Un vieux sac de cuir contenant ses lourds instruments était posé à côté de lui, jeté là pour ne pas encombrer le passage, ainsi que des moufles maculées de mazout. Le vieux cheminot avait dû s'asseoir aussitôt entré, sans se secouer ni se dévêtir, ses bottes et son ciré ruisselants formaient des flaques d'eau sur le plancher. Entre ses jambes, serrées aux genoux, une lanterne éteinte, la même que celle de Frossia, était posée à terre. Il portait sous son ciré un caban noir crasseux, entouré d'une ceinture de tissu brun sale. Le capuchon en était rejeté et une très vieille casquette des chemins de fer était solidement plantée sur sa tête encore chevelue. La casquette masquait son regard et seul apparaissait à la lumière de l'ampoule son gros nez violacé et ses lèvres épaisses qui imprégnaient de salive une cigarette roulée dans un bout de journal. Une fumée s'en dégageait. Sa barbe hirsute gardait encore du noir au milieu des poils blancs.

— Et qu'est-ce qu'il pouvait faire d'autre ? démontrait Valia en tapotant du crayon contre la table. Il était en faction, il était sentinelle !

— Ma foi, c'est bien vrai, dit le vieux cheminot en opinant du bonnet, et il laissa tomber sur le plancher, et le dessus de sa lanterne, une grosse cendre rouge. C'est bien vrai... Faut que tout le monde mange.

— Où veux-tu en venir ? demanda Valia en fronçant le sourcil. C'est qui, tout le monde ?

— Pardi, toi et moi, par exemple, dit Kordoubaïlo en soupirant.

— Ce que tu peux être sot, grand-père ! Ils avaient le ventre creux, peut-être ? Ils touchent la ration réglementaire. Tu t'imagines qu'on les fait voyager à jeun ?

— Ma foi, c'est bien vrai, acquiesça le vieillard et, à nouveau, de petits fragments incandescents se détachèrent de la cigarette, cette fois-ci sur un genou et un pan du caban.

— Prends garde, tu vas brûler vif, père Gavrila, avertit Frossia.

Il regardait, indifférent, sans les secouer, les braises pâlir sur ses pantalons ouatinés, sombres et trempés et, lorsqu'elles furent complètement éteintes, il releva légèrement sa tête grise ébouriffée coiffée de sa casquette :

— Ça vous est-il pas arrivé par hasard de manger de la farine pas cuite, délayée dans l'eau, mes petites ?

— Pas cuite et pourquoi ? interrogea Frossia ébahie. Moi, je la délaie, je la touille et je la mets au four.

Le vieux cheminot fit claquer ses lèvres épaisses et blêmes et répondit au bout d'un instant, tous les mots lui sortaient de la bouche au bout d'un instant comme s'il leur fallait arriver longuement en béquilles de là où ils étaient nés :

— Alors, mes mignonnes, ça veut dire que vous n'avez pas connu la faim.

Le lieutenant Zotov franchit le seuil et se mêla à la conversation :

— Ecoute un peu, grand-père, le *serment,* tu te rends compte de ce que ça signifie ?

Son accent, qui arrondissait tous les « o », ressortait nettement.

Le vieillard lui adressa un regard glauque. Il n'était pas très grand, mais ses bottes, elles, étaient grandes et lourdes, imbibées d'eau, maculées çà et là d'argile.

— Et puis quoi encore, grommela-t-il. Moi, c'est cinq fois que j'ai prêté serment.

— Bon et à qui ? Au « bon tsar ».

Le vieillard secoua la tête :

— Pousse plus haut.

— Comment ? Alexandre III ?

Il fit claquer ses lèvres d'un air de désolation et tira sur sa cigarette.

— Bien ! Mais à présent, c'est au peuple qu'on prête serment. Ça fait une différence, non ?

La cendre se répandit une autre fois sur son genou.

— La farine, elle est à qui ? Pas au peuple ?

Valia s'échauffait et rejetait sans cesse en arrière ses mèches joyeuses qui retombaient sur son dos.

— Pour qui est-ce qu'on la transporte, cette farine ? Pour les Allemands, peut-être ?

— Ma foi, c'est bien vrai, répéta le vieillard sans la moindre discussion. Les soldats de ce train, c'étaient pas des Allemands, que je sache, c'étaient des gars de chez nous, que je sache.

Il avait achevé de fumer son mégot et l'éteignit en l'écrasant sur le dessus de la lanterne.

— Il ne comprend rien à rien, ce grand-père ! dit Zotov vexé. Le pouvoir d'Etat, tu vois ce que c'est ? Si chacun se met à prendre ce qu'il lui plaît ! Moi, je me sers, toi tu te sers, tu crois que c'est comme ça que nous allons gagner la guerre ?

— Et pourquoi qu'ils ont éventré les sacs à coups de couteau ? disait Valia, scandalisée. C'est-y des manières ? Des gars de chez nous ?

— Faut croire qu'ils étaient cousus, dit Kordoubaïlo, et il passa sa main sur son nez.

— Un brigandage pareil ? En faire tomber tout plein sur la voie ferrée ? s'indigna Frossia. Tous les sacs qu'ils ont crevé, tout ce qu'ils ont gaspillé, camarade lieutenant, il y aurait de quoi nourrir combien d'enfants avec ?

— Ma foi, c'est bien vrai, approuva le grand-père. Mais avec une pluie pareille, le reste va prendre l'eau dans les wagons plates-formes.

— A quoi ça sert de discuter avec ! s'exclama Zotov, surtout fâché de s'être laissé entraîner dans cette polémique oiseuse, où tout était déjà clair comme ça. Silence. Je vous prie. Laissez-nous travailler !

La mère Frossia, qui avait fini de nettoyer la lampe, alluma la veilleuse et la fixa à l'intérieur de la lanterne. Elle se releva pour prendre son ciré durci et racorni :

— Allez, ma petite, taille-moi donc mon crayon que j'aille marquer le 765.

Zotov retourna dans son bureau.

L'incident de la veille aurait pu finir plus mal encore. Voyant leur camarade abattu, les soldats avaient abandonné les sacs de farine pour se précipiter avec des hurlements sur la jeune sentinelle. Ils lui avaient déjà arraché son fusil — que d'ailleurs il avait, semble-t-il, lâché sans résister —, ils s'étaient mis à lui taper dessus et auraient pu lui régler bel et bien son compte si le caporal n'était arrivé *in extremis*. Il avait fait semblant d'arrêter le jeune gars et l'avait emmené.

Chaque fois qu'arrivait un convoi d'encerclés, tous les commissaires de gare s'arrangeaient pour le réexpédier dare-dare au suivant. La nuit passée, Zotov avait reçu un convoi de ce genre, le 245 413, en provenance de Pavélétz, direction Artchéda, et il l'avait immédiatement fait partir. Il n'était resté qu'une vingtaine de minutes en gare de Krétchétovka ; comme les hommes dormaient, ils n'étaient pas descendus. Quand ils étaient en nombre, ces ex-encerclés étaient redoutables, de vrais enragés. Ils ne constituaient pas une unité régulière, étaient désarmés, mais savaient qu'ils formaient l'armée d'hier, ceux qui, en juillet, s'étaient battus quelque part aux environs de Bobrouisk, de Kiev en août, d'Orel en septembre.

Zotov se sentait intimidé par eux et ce sentiment, le jeune garde devait l'avoir éprouvé en lâchant son fusil sans plus tirer. Zotov était honteux de son poste à l'arrière. Il enviait ces hommes et semblait prêt à se charger d'une partie de ce qu'on leur reprochait simplement pour savoir qu'il avait lui aussi connu les combats, les bombardements, les traversées de fleuve.

Les camarades d'étude de Zotov, tous ses amis, étaient au front.

Lui était ici...

Tant et si bien qu'il devait travailler d'arrache-pied ! Travailler, ne pas se contenter de remettre les choses à jour à son coéquipier, mais arriver à abattre d'autres et d'autres tâches. En faire le plus possible et le mieux possible en ces journées d'automne qui préludaient au vingt-quatrième anniversaire de la Révolution. La fête aimée entre toutes, la joie qui défiait la nature ; mais cette année-ci, cette fête vous déchirait le cœur.

Aux affaires courantes venait s'ajouter depuis déjà une semaine quelque chose d'autre ; cela avait débuté pendant ses heures de travail : au cours d'un raid aérien, les Allemands avaient soumis à un bombardement intensif un convoi comprenant du matériel de l'armée et aussi du ravitaillement. S'il avait été entièrement anéanti, on aurait mis un point final au dossier. Mais, par bonheur, une grande partie avait pu être sauvée. Et, à présent, on exigeait de Zotov qu'il établît en quatre exemplaires des constats descriptifs complets : matériel totalement endommagé de 40 à 80 pour 100 (une décision spéciale devant intervenir quant à leur utilisation) ; matériel endommagé de 10 à 40 pour 100 (à envoyer aux destinataires sous condition ou avec remplacement partiel) ; enfin, matériel demeuré intact. Complication supplémentaire, ces marchandises qui se trouvaient à présent rangées dans les entrepôts n'avaient pas été ramassées immédiatement et on avait craint des vols, étant donné que des individus étrangers au service rôdaient dans la gare. Enfin, des expertises devaient déterminer le pourcentage des dommages subis (or, les experts étaient obligés de venir de Mitchourinsk et de Voronèje), cela nécessitait des déplacements à n'en plus finir des caisses à l'intérieur des entrepôts, et de porteurs, il n'y en avait pas assez.

Même le dernier des crétins était capable de balancer des bombes, mais après, pour s'y reconnaître !

Il faut dire que Zotov mettait une infinie méticulosité à tout ce qu'il faisait, aussi avait-il pas mal avancé dans ces constats ; aujourd'hui, il pouvait y consacrer un certain temps et comptait tout mettre à jour dans le courant de la semaine.

Même ce travail n'était somme toute qu'une affaire courante. L'autre tâche qu'il s'était trouvée consistait en ceci : lui, Zotov, qui avait fait des études supérieures, qui avait certains penchants pour la systématisation, était ici commissaire de gare et tirait une fructueuse expérience de son travail. Or, maintenant, il voyait très bien les défauts du règlement de mobilisation tel qu'il était conçu à la déclaration de guerre, les défauts dans la manière de suivre les trains de marchandises militaires ; il voyait aussi les améliorations, importantes ou de détail, qui pourraient être apportées au travail des commissaires de gare. N'était-ce pas un devoir moral pour lui que de mener à bien ces observations, de les consigner, de les rédiger pour les adresser au Commissariat au peuple de la Défense sous forme de rapport ? En admettant même que ce travail ne pût être utilisé pour cette guerre-ci, il pouvait avoir tellement de valeur pour la prochaine !

Voilà dont l'autre tâche pour laquelle il devait trouver le temps et les forces nécessaires ! (S'il faisait part de son idée à son capitaine ou au commissaire du nœud ferroviaire, ils lui riraient au nez. Un tas de bornés !)

Ces notes de route, il fallait les finir le plus tôt possible. Zotov frotta l'une contre l'autre ses paumes rondelettes aux doigts courts et boudinés, prit un crayon à encre et, se référant au code, reporta d'une écriture nette et arrondie sur plusieurs feuilles les longs numéros, parfois à tiret, des convois, des marchandises et wagons. Ce travail ne devait comporter aucune erreur, exactement comme un pointage d'artillerie. D'application, son front se plissa de fins sillons, sa lèvre inférieure se retroussa.

A ce moment-là, Valia frappa au carreau de la porte :

— Je peux entrer, Vassili Vassiliévitch ?

Et, sans attendre trop longtemps la réponse, elle entra, les mains chargées de bordereaux.

En fait, elle n'avait pas le droit de franchir cette porte, le problème pouvait fort bien être réglé sur le seuil ou dans la pièce voisine ; mais leurs heures de travail concordaient bien des fois et par pure civilité, Zotov ne pouvait pas lui interdire l'accès de son bureau.

Aussi se borna-t-il à tourner les pages du code et à poser comme par hasard une feuille blanche sur les colonnes de chiffres qu'il était en train d'inscrire.

— Vassili Vassiliévitch, je crois bien que je me suis trompée ! Regardez voir...

Comme il n'y avait pas de seconde chaise à proximité, Valia s'appuya contre le bord de la table et présenta à Zotov un bordereau couvert de lignes biscornues et de chiffres dansants.

— Tenez, dans le convoi 446, il y avait un wagon numéro 57-831. Il est pour où ?

— Tout de suite.

Il porta la main à un des tiroirs, réfléchit à celui des trois classeurs qu'il devait prendre, l'ouvrit (mais de façon à ce qu'elle ne pût y glisser son regard) et trouva du premier coup :

— Le 57-831, c'est pour Patchelma.

— Bien, dit Valia. Elle nota « Pat » mais ne partit pas, resta sur place à suçoter le bout de son crayon, plongée dans son bordereau et toujours appuyée contre la table.

— Tu vois, tu as mal écrit ton « T », la gronda Zotov. Tu es capable de le prendre pour un « V » et d'envoyer le wagon à Pavéletz.

— Vrai-ment ! reprit paisiblement Valia. Allons, Vassili Vassiliévitch, il faut toujours que vous me cherchiez la petite bête.

Elle le regardait de derrière sa longue boucle.

Toutefois, elle corrigea sa lettre.

— Et puis en-sui-ite... poursuivit-elle en faisant traîner ses syllabes, et elle remit le crayon en bouche. Des flots de boucles, presque aussi claires que le lin, lui tombaient du front, masquaient ses yeux ; elle n'y touchait pas. Ah ! comme elles étaient propres et soyeuses, sûrement. Zotov imaginait le plaisir qu'il aurait à les caresser.

— Voilà... le wagon plate-forme 1-05-110.

— Un petit ?

— Non, un grand.

— Ça m'étonnerait.

— Pourquoi ?

— Il y manque un chiffre.

— Qu'est-ce que je dois faire à présent ?

Elle écarta ses boucles. Ses cils étaient aussi pâles que ses cheveux.

— Eh bien, il faut que tu cherches ! Sois plus attentive, Valia. C'est le même convoi ?

— Ouais.

Zotov entrouvrit le classeur et parcourut d'un œil expert les numéros.

Valia, elle, regardait le lieutenant, ses drôles d'oreilles en feuille de chou, son nez épaté, ses yeux pâles marbrés de gris qui apparaissaient nettement derrière les lunettes. Tatillon pour le travail, ce Vassili Vassiliévitch, mais pas méchant. Ce qui lui plaisait le plus, c'était qu'il fût un homme qui savait se tenir, et aimable avec cela.

— Ah ! là ! là ! s'exclama Zotov avec colère. Tu mériterais la fessée. Ce n'est pas 05 mais 005, étourdie !

— Deux zéros ! s'étonna Valia et elle inscrivit le manquant.

— Tu as fait tes études secondaires, tu n'as pas honte, non !

— Mais voyons, Vassili Vassiliévitch, qu'est-ce que ça a à voir, l'école secondaire ? C'est pour quelle destination ?

— Kirsanov.

— Bien, dit Valia en prenant note.

Elle ne s'en allait toujours pas. Dans la même position, penchée près de lui sur la table, elle restait abîmée dans ses réflexions et un de ses doigts taquinait un petit éclat de bois sur la table : elle l'écartait, il reprenait sa place.

Les yeux du lieutenant parcoururent malgré lui les seins menus de la jeune fille qui se dessinaient nettement, à présent qu'elle était penchée, mais que d'habitude la grossière vareuse d'uniforme des chemins de fer effaçait.

— Notre journée est bientôt finie, dit Valia en gonflant les lèvres qu'elle avait fraîches, rose pâle.

— Avant qu'elle ne finisse, il faut encore travailler ! déclara Zotov d'un ton rogue et il cessa de la regarder.

— Vous allez encore retourner chez cette vieille bonne femme... oui ?

— Et où veux-tu que j'aille ?

— Vous ne faites de visites à personne...

— Faire des visites, ah, le moment est bien choisi !

— Et qu'est-ce que vous y trouvez de bien, chez cette vieille. Même pas un lit convenable. Vous dormez sur le coffre.

— Comment le sais-tu ?

— Les gens le savent, ils causent.

— Ma petite Valia, ce n'est pas le moment de se prélasser. Surtout moi. J'ai déjà assez honte de n'être pas au front.

— Tiens donc ! Ça n'est pas du travail ce que vous faites ? Il n'y a pas à avoir honte ! Vous aurez bien le temps de vous vautrer dans les tranchées, allez. Qui sait si vous en réchapperez ? Tant qu'on peut, eh bien, il faut vivre comme des hommes.

Zotov retira sa casquette, se frictionna le front (sa casquette lui était petite, c'est qu'on n'en avait pas trouvé d'autre au magasin).

Valia dessinait sur le coin du bordereau une longue boucle pointue, comme une griffe.

— Pourquoi est-ce que vous êtes parti de chez les Avdéev ? Vous y étiez mieux, pourtant.

Zotov baissa les yeux et devint écarlate.

— Je suis parti. Un point c'est tout.

(Etait-il possible que le bruit se fût répandu dans la cité ?...)

Valia faisait la griffe de plus en plus pointue.

Un silence.

Valia regarda du coin de l'œil la tête ronde de Zotov. On lui enlèverait ses lunettes, ce ne serait plus qu'une tête de gosse, ses cheveux blonds peu épais montaient çà et là en bouclettes comme des points d'interrogation.

— Et puis, vous n'allez jamais au cinéma. Faut croire que vous avez des bouquins passionnants. Vous pourriez au moins me les donner à lire.

Zotov leva la tête. Sa rougeur n'avait pas disparu.

— D'où tiens-tu que j'ai des livres ?

— Je me l'imagine.

— Je n'en ai pas. Ils sont restés chez moi.

— Ça vous fait mal au cœur de me les prêter, c'est ça.

— Mais non, je te dis. Comment voulais-tu que j'en porte. Le soldat a droit à son sac, et à rien d'autre.

— Eh bien, venez nous en emprunter.

— Vous en avez beaucoup ?

— Il y en a une étagère.

— Qu'est-ce que vous avez ?

— Ce qu'on a ? Eh bien *le Haut-Fourneau... le Prince Sérébriannetz...* D'autres encore.

— Tu les as tous lus ?

— Quelques-uns.

Elle leva brusquement la tête, le regarda droit dans les yeux et débita d'un souffle :

— Vassili Vassiliévitch ! Venez donc à la maison. La chambre de Vova est vide, ce sera la vôtre. Le poêle chauffe, vous y serez bien. Maman vous fera à manger. Quel besoin vous en avez de votre vieille logeuse ?

Ils se regardaient l'un l'autre, chacun avec son idée derrière la tête.

Valia s'aperçut que le lieutenant était ébranlé, il allait dire oui dans un instant. Pourquoi ne dirait-il pas oui, ce drôle de garçon ? Les militaires disent toujours qu'ils ne sont pas mariés, lui seul l'était. Tous ceux qui logeaient dans la cité étaient installés chez de braves familles, bien au chaud et bien gâtés. Valia voulait elle aussi qu'il y eût un homme dans la maison qu'avaient quittée son père et son frère. Alors, quand ils sortiraient du travail, tard le soir, ils rentreraient ensemble à la maison par les rues obscures, pataugeant dans la boue (bras dessus, bras dessous nécessairement), et ensuite ils se mettraient joyeusement à table ensemble, blagueraient, se raconteraient ceci ou cela...

Vassili Zotov regardait presque avec effroi cette jeune fille qui l'invitait tout de go à venir loger chez elle. Elle n'avait guère que trois ans de moins que lui et si elle l'appelait « Vassili Vassiliévitch » et le vouvoyait, c'était moins en raison de leur différence d'âge que par respect pour ses insignes de lieutenant. Il comprenait que les choses ne se limiteraient pas à de bons petits repas confectionnés avec sa ration ni à la chaleur du poêle. L'émoi le gagnait. Comme il avait envie de frôler, de caresser ces mignonnes boucles blondes à portée de sa main.

Mais c'était impossible, absolument impossible.

Il remit en place son col aux insignes carrés rouges sur écusson vert — et pourtant son col ne le gênait pas —, il rajusta aussi ses lunettes.

— Non, Valia, je n'irai pas. Pendant ce temps le travail n'avance pas, qu'est-ce que c'est que ces bavardages !

Il mit sa casquette verte, ce qui donna à son visage candide au nez retroussé une mine fort sévère.

La jeune fille le regarda une autre fois par en dessous, et, allongeant les syllabes :

— Al-lez, ça va, Vassili Vassiliévitch !

Elle soupira. Elle se redressa avec effort, d'un mouvement de vieille et traînant le bordereau à bout de bras, elle quitta la pièce.

Il clignota, éperdu. Il eût probablement cédé si elle était revenue et lui avait parlé avec fermeté.

Mais elle ne revint pas.

Vassili ne pouvait vraiment pas expliquer à qui que ce fût ici pourquoi il habitait cette izba sale et mal chauffée que la vieille partageait avec ses trois petits-enfants, pourquoi il dormait sur un petit coffre inconfortable. En 1941, dans l'immense cohue de ces hommes rudes, on s'était déjà quelquefois moqué de lui quand il avait déclaré qu'il aimait sa femme, qu'il comptait lui rester fidèle jusqu'à la fin de la guerre et qu'il lui faisait entière confiance. Les braves gars, les amis partageurs se tordaient de rire en chœur, d'une drôle de manière, lui tapaient sur l'épaule et lui conseillaient de ne pas perdre le nord. Depuis, il avait cessé de faire de telles déclarations en public, mais il s'ennuyait terriblement de sa femme, surtout lorsque par les nuits noires il se réveillait en se demandant quelle vie elle avait là-bas, loin, si loin, sous l'occupation allemande, attendant un enfant.

Pourtant, ce n'était pas à cause de sa femme qu'il venait de refuser, mais à cause de Pauline...

Non, pas à cause de Pauline, même, mais à cause de...

Pauline, la jeune brunette de Kiev au visage mat et aux cheveux courts, était la femme qui logeait chez Frossia et était employée à la poste. Lorsqu'il en trouvait le temps, Vassili allait à la poste lire les derniers journaux (ils arrivaient en retard, par paquets de plusieurs jours). Ainsi, il les avait plus tôt et pouvait les feuilleter tous à la fois et pas seulement par un ou deux. Bien entendu, la poste n'était pas un salon de lecture et nul n'était tenu de lui prêter les journaux, mais Pauline le comprenait et lui apportait tous les journaux au bout du comptoir où il lisait, debout, au froid. Comme pour Zotov, la guerre n'était pas pour Pauline une roue qui tourne inexorablement, elle représentait toute sa vie propre, tout son avenir et, afin de deviner cet avenir, elle dépliait elle aussi ces journaux de ses mains fébriles, elle cherchait elle aussi ces parcelles de vérité susceptibles de lui expliquer le cours de la guerre. Souvent, ils lisaient côte à côte et se montraient au vol les passages importants. Les journaux leur tenaient lieu des lettres qu'ils ne recevaient pas. Pauline se plongeait dans le récit de tous les combats décrits dans les communiqués pour essayer de deviner si son mari y participait ; sur l'avis de Zotov, elle lisait en plissant son front mat les exposés que la *Krasnaïa Zvezda* (1) consacrait à la tactique de l'infanterie et des blindés. Quant aux articles d'Ehrenbourg, c'était Vassili qui les lui lisait à haute voix, plein d'émotion. Il en demandait à Pauline et les découpait

(1) *Etoile rouge,* journal de l'armée soviétique. (N.d.T.)

dans des journaux non parvenus au destinataire pour en faire une collection.

Il aimait Pauline, son enfant et sa mère d'un amour que les humains ne connaissent que dans l'adversité. Il offrait au petit du sucre de sa ration. Mais jamais, quand ils feuilletaient ensemble les journaux, il n'avait osé effleurer du doigt la main blanche de Pauline, non pas à cause de son mari à elle ou de sa femme à lui, mais à cause de la douleur sacrée qui les liait.

Pauline devint pour lui à Krétchétovka — non, de ce côté-ci du front — l'être le plus cher au monde, l'œil de sa conscience, l'œil de sa fidélité. Comment donc pouvait-il aller loger chez Valia ? Que penserait Pauline de lui ?

Même sans Pauline d'ailleurs, il n'aurait pu se consoler dans l'insouciance avec une femme quelle qu'elle fût, alors que tout ce qu'il aimait menaçait de s'effondrer.

Et aussi il se sentait gêné d'avouer à Valia et aux lieutenants avec qui il travaillait qu'il avait quand même quelque chose à lire le soir, qu'il possédait un livre seul et unique pris dans une bibliothèque au milieu de la pagaïe qui cette année-là régnait dans les chemins de fer et qu'il trimbalait dans son sac de soldat.

C'était le premier volume, épais et bleu marine, du *Capital* imprimé sur le papier roux et rugueux des années 30.

Pendant ses cinq années d'études, il rêvait de lire ce livre sacré qu'il avait pris plus d'une fois à la bibliothèque de l'Institut ; il essayait d'en faire des résumés, le gardait un semestre, une année, mais le temps lui faisait sans cesse défaut, dévoré par les réunions, l'activité militante, les examens. Il rendait le livre sans avoir pu écrire une seule page de résumé à son retour, après la session de juin. Même quand l'économie politique était au programme, le moment idéal pour lire *le Capital,* le professeur les avait mis en garde : « Vous vous y noierez » ; il conseillait de bûcher le manuel de Lapidus, les résumés de cours. C'était vrai, d'ailleurs, qu'ils arrivaient tout juste à suivre.

Et voici qu'à l'automne 1941, dans le rougeoiement de l'immense angoisse, Vassili Zotov avait ici, dans ce trou, le temps de lire *le Capital*. C'est ce qu'il faisait en dehors des heures de service, d'instruction militaire obligatoire et d'activité au comité de district du parti. Dans la salle commune des Avdéev garnie de philodendrons et d'aloès, assis à la petite table branlante, à la lueur de la lampe à pétrole (le générateur à diesel n'était pas assez puissant pour éclairer toutes les maisons de la cité), il lisait, caressant le grossier papier, une première fois pour se faire une idée d'ensemble, une seconde fois en soulignant les passages essentiels, une troisième fois en faisant le résumé et en s'efforçant de tout se graver dans la tête. Et plus les communiqués du front étaient sinistres, et plus résolument il se plongeait dans le gros bouquin bleu. Vassili se figurait que quand il aurait assimilé au moins ce premier tome, quand il l'aurait bien casé dans sa mémoire en un tout harmonieux, il deviendrait invincible, invulnérable, irrésistible dans n'importe quelle joute idéologique.

Mais ces soirées et ces heures étaient peu nombreuses, il n'avait encore noté que quelques pages lorsque Antonina Ivanovna vint tout empêcher.

C'était une autre locataire des Avdéev, arrivée de Liski et nommée aussitôt gérante de la cantine à Krétchétovka. Une femme dégourdie, cette Antonina Ivanovna, les pieds bien par terre, si bien qu'il n'y avait guère l'occasion de faire du scandale dans son établissement. A la cantine, comme Zotov devait l'apprendre plus tard, on vous glissait par le guichet contre paiement d'un rouble une écuelle en terre remplie d'une eau bouillante grise sans matières grasses, dans laquelle flottaient quelques macaronis, et ceux qui ne voulaient pas boire à l'écuelle devaient verser un rouble supplémentaire de caution pour avoir droit à une cuiller en bois fêlée. Antonina Ivanovna demandait le soir aux

Avdéev de faire chauffer le samovar et posait sur leur table du pain et du beurre. Elle n'avait que vingt-cinq ans, devait-on apprendre, mais avait l'air d'une femme solidement établie, était blanche et plantureuse. Elle saluait toujours aimablement le lieutenant, il lui répondait d'un air absent et la confondit longtemps avec une parente de sa logeuse venue lui rendre visite. Courbé sur son volume, il ne la voyait ni ne l'entendait, tard le soir à son retour du travail, traverser sans arrêt la salle commune pour gagner sa minuscule chambre à coucher puis se rendre chez les maîtres du logis et à nouveau dans sa chambre. Un jour, elle s'approcha soudain de lui et demanda : « Qu'est-ce que vous bouquinez sans arrêt, camarade lieutenant ? » Il cacha son livre sous un cahier et fit une réponse évasive. Une autre fois, elle demanda : « Qu'est-ce que vous croyez, je ne dois pas avoir peur la nuit si je ne verrouille pas ma porte ? — Pourquoi avoir peur ? Je suis là, j'ai une arme », répondit Zotov. Quelques jours plus tard, alors qu'il était plongé dans sa lecture, il sentit qu'elle avait cessé de faire la navette, mais ne semblait pas être sortie de la salle. Il se retourna et resta stupéfait : elle venait de se coucher sur le divan, dans sa chambre à lui, et restait là, allongée, les cheveux défaits sur l'oreiller, sans même cacher sous la couverture ses impudentes blanches épaules. Il gardait les yeux sur elle et ne savait absolument pas que faire. « Je ne vous gêne pas ? » demanda-t-elle, sarcastique. Vassili se leva, égaré. Il fit même un grand pas dans sa direction, mais l'aspect de cette voleuse repue cessa de l'attirer, au contraire il l'éloigna.

Il était incapable de lui dire le moindre mot, la haine lui étreignait la gorge. Il se retourna, referma violemment *le Capital,* trouva la force et le temps de le fourrer dans son sac, se précipita vers le clou où étaient suspendues sa capote et sa casquette, retira en chemin le ceinturon qu'alourdissait son pistolet, et, le tenant à la main, il se précipita vers la porte.

Il sortit dans une obscurité totale, où les fenêtres camouflées et le ciel voilé de nuages ne projetaient pas le moindre fétu de lumière, mais où comme aujourd'hui le vent glacial d'automne mêlé de pluie fouettait et cinglait. Trébuchant dans les flaques, les trous, la boue, Vassili marcha en direction de la gare sans même s'apercevoir qu'il tenait en main le ceinturon avec le pistolet. Une telle rage impuissante le brûlait qu'il était au bord des larmes, errant dans ce noir abîme.

Depuis, la vie était devenue impossible chez les Avdéev : Antonina Ivanovna avait cessé à vrai dire de le saluer, mais elle faisait venir chez elle un costaud à la gueule patibulaire, un civil, mais qui portait bottes et tunique, dans l'esprit de l'époque. Zotov essayait d'étudier, elle faisait exprès de ne pas fermer sa porte pour qu'il entendît longuement leurs plaisanteries, ses gloussements et gémissements.

Alors, il déménagea chez une vieille à moitié sourde, où il ne trouva qu'un coffre recouvert de grosse toile.

Mais apparemment, les commérages allaient bon train par toute la cité. Ainsi, ils atteindraient Pauline ? Quelle honte...

***

De penser ainsi l'avait détourné de son travail. Il reprit son crayon encre, se força à se replonger dans ses notes de route, et se remit à reporter de son écriture arrondie et nette les numéros des convois et des marchandises qui constituaient les nouvelles notes de route, en plusieurs exemplaires. Il aurait achevé ce travail, n'eût été une complication au sujet d'un important convoi en provenance de Kamychine. Restait à savoir de quelle manière le répartir. Seul le commissaire pouvait trancher. Zotov tourna un coup de manivelle, souleva le récepteur du téléphone et le colla contre son oreille. Un autre coup de manivelle plus long. Et un autre, long. Pas de réponse du capitaine.

Donc, il n'était pas dans son bureau. Peut-être faisait-il la sieste chez lui, après le repas. Dans ce cas, il ne manquerait pas de venir à l'heure de la relève pour entendre les rapports.

De l'autre côté de la porte, Valia téléphonait de temps à autre au dispatcher. Frossia vint, repartit. Puis quatre bottes heurtèrent lourdement le sol. Quelqu'un frappa à la porte, l'entrouvrit et demanda d'une voix claironnante :

— On peut entrer ?

Et ils entrèrent sans attendre ni entendre la réponse. Le premier, haut comme un grenadier, souple, le visage rosi par le froid, s'avança d'un pas jusqu'au milieu de la pièce et, claquant les talons, débita :

— Sergent-chef Gaïdoukov, chef de la garde du convoi 95-505. Rien à signaler dans mes trente wagons, prêts à poursuivre le voyage.

Il avait un bonnet d'hiver tout neuf, une capote d'officier longue et seyante, fendue dans le dos, serrée par un large ceinturon en cuir à boucle en forme d'étoile, et ses bottes en cuir de vache étaient impeccablement cirées.

Le second se dégagea peu à peu de derrière le dos du sergent-chef, sans s'éloigner de la porte, trapu, le visage brun, tanné, et il avait l'air de faire du sur place. Il leva de mauvaise grâce sa main à son casque de drap à la Boudienny, aux oreillettes abaissées, mais non attachées, et dit d'une voix douce :

— Sergent Dyguine, chef de la garde du convoi 71-628. Quatre wagons de seize tonnes.

Il manquait à sa capote de simple soldat, serrée à la taille par une étroite ceinture en toile de bâche, un pan coupé de travers ou irrémédiablement mâchonné, on eût dit, par une machine ; ses bottes en cariset qui faisaient l'accordéon montraient la trame aux plis.

Le visage du sergent Dyguine était le visage aux

mâchoires saillantes de Tchkalov (1), non pas du jeune et téméraire Tchkalov récemment disparu, mais d'un Tchkalov avec quelques années de plus et l'usure du temps.

— Bon ! Très heureux ! Très heureux ! fit Zotov, et il se leva.

Son grade et ses fonctions ne l'obligeaient nullement à se lever chaque fois qu'un sergent entrait dans son bureau. Mais il était sincèrement heureux de voir chacun de ceux qui venaient et s'empressait de leur réserver son meilleur accueil. L'adjoint au commissaire n'avait personne sous ses ordres et ceux qui arrivaient pour cinq minutes ou pour deux jours étaient les seuls et uniques subordonnés pour lesquels le lieutenant pût manifester sa sollicitude et ses aptitudes de chef.

— Je sais, je sais, vos notes de route me sont déjà parvenues.

Il les trouva sur la table et les parcourut.

— Voilà, voilà... 95-505, 71-628...

Il posa un regard bienveillant sur les sergents.

Leurs capotes et bonnets n'étaient que légèrement mouillés, humectés par quelques gouttes éparses.

— Comment se fait-il que vous soyez secs ? Il ne pleut donc plus ?

— Il y a une accalmie. Gaïdoukov secoua la tête, bien bâti, le sourire aux lèvres, droit, mais pas tout à fait au garde-à-vous. La bise s'est levée.

Il avait dix-neuf ans, mais portait la marque de la virilité précoce que la bataille met sur un visage crédule, comme le soleil son hâle.

(Et c'était l'empreinte de la bataille sur ces visages qui faisait se lever Zotov.)

L'adjoint au commissaire n'avait pas grand-chose à

(1) Tchkalov Valéri Pavlovitch, célèbre aviateur, pilote d'essai, qui battit en 1937 le record du monde du vol à longue distance sans escale sur le parcours Moscou-Vancouver par le pôle Nord. Mourut en 1938 au cours d'un vol d'essai. (N.d.T.)

voir avec eux. De toute manière, ils n'avaient pas à parler de la nature des chargements, ils pouvaient convoyer des wagons plombés, des caisses clouées et ignorer leur contenu.

Mais eux avaient beaucoup à demander au commissaire de cette gare de passage.

Et ils le vrillèrent du regard, le premier l'œil joyeux, l'autre, l'œil maussade.

Gaïdoukov voulait savoir si ce lieutenant n'était pas un de ces embusqués, coupeurs de cheveux en quatre, qui voudrait aller fourrer le nez dans son convoi et son chargement.

Il n'avait d'ailleurs aucune crainte quant à ce chargement, non seulement il en assurait la garde, mais encore il l'aimait : c'étaient plusieurs centaines de superbes chevaux, expédiés par un intendant avisé qui avait mis dans le même convoi du foin et de l'avoine compressés en quantité suffisante, car il ne comptait pas sur un approvisionnement en route. Gaïdoukov était un gars de la campagne, il aimait les chevaux depuis son plus jeune âge et, à présent, il allait les voir comme des amis, et pour son plaisir, non par obligation de service ; il aidait ses soldats à donner à boire et à manger aux bêtes, à les surveiller. Lorsqu'il entrebâillait la porte et montait dans le wagon par l'échelle en fil de fer, sa lampe-tempête à la main, tous les seize chevaux du wagon — bais, roux, bruns, gris — tournaient de son côté leur long chanfrein intelligent, aux aguets, certains posaient la tête sur le dos des voisins et ils le fixaient de leurs grands yeux tristes, qui ne cillaient pas, remuaient leurs oreilles avec sensibilité, comme s'ils ne se contentaient pas de réclamer du foin mais voulaient parler de cette caisse grondante et tressautante, demander où on les emmenait et pourquoi. Gaïdoukov passait parmi eux, se glissait entre les croupes tièdes, flattait les crinières et, quand il était seul, caressait les naseaux et parlait aux bêtes. Aller au front, pour eux, c'était plus dur que pour les hommes, ils avaient autant besoin du front que d'une cinquième patte.

Mais ce que Gaïdoukov craignait le plus, c'était que le commissaire (celui-ci avait plutôt l'air bon gars et il n'avait pas lieu d'être inquiet) n'allât faire un tour dans son fourgon. Si les soldats de Gaïdoukov étaient pour la plupart des bleus, lui par contre était déjà monté en première ligne ; blessé en juillet dernier sur le Dniepr, il avait fait deux mois dans un hôpital, ensuite il avait travaillé au magasin de cet hôpital ; à présent, il retournait au front. Aussi connaissait-il le règlement et la manière dont on pouvait et devait y faire des entorses. Les vingt jeunes soldats étaient chargés d'escorter les chevaux jusqu'à destination, mais une fois ceux-ci acheminés, ils devaient être incorporés dans leur division. Qui sait, d'ici quelques jours peut-être, ils allaient maculer leur uniforme neuf dans la boue des tranchées détrempées, encore, les tranchées, ce n'était qu'un moindre mal, ils pourraient aussi bien n'avoir rien d'autre que de minuscules bosses de terrain pour se protéger la tête des obus de mortiers allemands qui les harcèleraient, car ce qui faisait le plus enrager Gaïdoukov cet été, c'étaient bien ces mortiers-là. Si bien qu'il désirait passer ces derniers jours au chaud, dans la joie et l'amitié. Dans leur vaste fourgon brûlaient deux poêles de fonte chauffés à blanc, chargés sans relâche de blocs de charbon gros comme le poing quémandés dans les autres trains. Le convoi allait vite, aucun arrêt prolongé, mais ils se débrouillaient pour abreuver les bêtes une fois par vingt-quatre heures et toucher leur ration une fois tous les trois jours. Or, du fait que le convoi était rapide, on leur demandait souvent une place. Bien que le règlement interdît formellement aux civils l'accès des fourgons de la garde, Gaïdoukov et son adjoint, qui copiait ses manières délurées, ne pouvaient regarder, indifférents, les gens frigorifiés qui encombraient les voies ferrées en cette saison d'automne et couraient comme des fous le long des trains.

S'ils ne prenaient pas tous ceux qui leur demandaient une place, rares étaient ceux à qui ils refusaient. Ils avaient ainsi ramassé un inspecteur roublard contre un litre de gnôle, un vieillard rouquin chargé de sacs de soldats contre une pièce de lard, d'autres, comme ça, pour rien, et surtout ils mettaient une sympathie particulière — ici, leur cœur se fondait — à attraper dans leur wagon, leur tendant les bras pour les saisir, jeunes femmes et jeunes filles qui, elles aussi, partaient sans trêve nul ne savait où ni pourquoi. En ce moment-ci, dans la chaleur du fourgon apaisé, le vieillard aux cheveux roux rabâchait Dieu sait quoi à propos de la Première Guerre mondiale, de la Croix de Saint-Georges qu'il avait été à deux doigts de décrocher ; de toutes les petites, une seule jouait les saintes-nitouches et, le plumage hérissé comme une chouette, restait blottie au coin du poêle. A cause de la chaleur toutes les autres avaient depuis belle lurette fait glisser manteau, blouson et même corsage. L'une d'elles en maillot de sport rouge, et les joues de la même couleur, lavait les chemises des petits soldats, et frappait à coups de tortillons de linge mouillé son aide qui faisait l'essorage, chaque fois qu'il tentait de la serrer de trop près. Deux autres faisaient la cuisine et agrémentaient de saindoux maison les rations peu appétissantes de l'armée. Une autre enfin était occupée à mettre des points sur toutes les déchirures. Ils allaient quitter cette gare, passer un moment au coin du feu, chanter, dans le ballottement du train lancé à toute vitesse, et ensuite, sans trop distinguer entre ceux qui étaient de garde et les autres (ils se claquaient autant les uns que les autres à faire boire les bêtes), allaient prendre possession des couchettes en planches non rabotées, pour dormir pêle-mêle. Certaines de ces jeunes femmes d'aujourd'hui comme celles de la veille, dont le mari était parti pour la guerre depuis peu, certaines aussi des jeunes filles ne sauraient résister et dans les ombres laissées par la lanterne, elles se blottiraient dans les bras des soldats.

Et comment ne pas prendre en pitié le pauvre petit soldat qui va en première ligne ! Ce sont peut-être bien ses derniers jours de vie...

Ainsi, le seul désir de Gaïdoukov était que le commissaire le laissât partir au plus tôt. Et aussi de se renseigner autant que possible sur l'itinéraire pour savoir où débarquer les voyageuses et dans quel secteur ils devraient se battre. N'allait-on pas passer par hasard à côté de la maison d'un camarade ?

— Bi-en, dit le lieutenant en jetant un coup d'œil sur les notes de route. Vous n'étiez pas ensemble ? On a accroché vos trains depuis peu ?

— Ma foi, depuis quelques arrêts.

Les lunettes fixées sur le papier, le lieutenant retroussa les lèvres.

— Pourquoi est-ce qu'on vous a amenés ici ? demanda-t-il à Tchkalov. Vous êtes passés par Penza ?

— Oui, répondit Dyguine d'une voix enrouée.

— Mais alors, pourquoi diable vous a-t-on fait faire le tour par Riajsk ? C'est franchement à n'y rien comprendre, quelle bande de propres à rien !

— On va repartir ensemble ? s'informa Gaïdoukov. (Avant de venir, Dyguine lui avait appris sa destination et ainsi, il tâtait le terrain.)

— Jusqu'à Griazi.

— Et ensuite ?

— Secret militaire, dit avec son charmant accent Zotov en tournant la tête, et derrière leurs lunettes ses yeux plissés examinèrent de bas en haut l'immense sergent.

— Oui, mais quand même ? Pas par Kastornaïa des fois ? s'enquit d'un ton confidentiel Gaïdoukov en se penchant vers le lieutenant.

— Vous verrez sur place.

Zotov voulait répondre avec sévérité, mais comme ses lèvres esquissaient un sourire, Gaïdoukov comprit que c'était par-là.

— C'est bien ce soir qu'on va repartir ?

— Oui. On n'a pas le droit de vous garder.

— Moi, je peux pas partir, déclara Dyguine d'un ton ferme et peu amène.

— Vous personnellement ? Vous êtes souffrant ?

— Non, c'est toute la garde.

— Comment ça ! Je ne vous comprends pas. Pourquoi ne pouvez-vous pas partir ?

— Parce que nous ne sommes pas des chiens ! lâcha Dyguine, et les boules de ses yeux roulèrent, furieuses, sous ses paupières.

— Qu'est-ce que ces façons de parler ? dit Zotov en fronçant le sourcil, et il se leva :

— Prenez garde, sergent !

C'est à cet instant qu'il s'aperçut que le petit triangle vert du sergent n'était fixé qu'à une patte de col de sa capote ; la seconde était vide, avec seulement une impression en forme de triangle et un trou dans le milieu. Les oreillettes écartées de son casque à la Boudienny lui pendaient sur la poitrine comme des feuilles de bardane.

Dyguine le regardait par en dessous d'un air féroce :

— Parce que, grommela-t-il en parlant du nez, ça fait onze jours... qu'on a le ventre vide...

— Comment ?

Le lieutenant se rejeta en arrière, une branche de ses lunettes se décrocha ; il les rattrapa par le milieu et les remit.

— Comment est-ce possible ?

— Ben comme ça, ça arrive... C'est pas compliqué.

— Mais vous avez vos bons ?

— On va pas bouffer du papier, non ?

— Mais comment êtes-vous encore en vie !

— On est pas morts, voilà.

Comment êtes-vous encore en vie ? Cette question stupide et puérile du binoclard eut le don de mettre en rage Dyguine qui se dit qu'ici aussi à la gare de Krétchétovka il n'obtiendrait rien. Comment êtes-vous encore en vie ? Ce n'était pas la nature, mais la faim et

la fureur qui lui avaient fait ces mâchoires saillantes, et il examina d'un regard lourd de haine, un regard de trimardeur de la Volga, cet adjoint au commissaire, blond, dans son bureau propre et chaud. Sept jours auparavant ils avaient mis la main sur un tas de betteraves dans une gare, en avaient bourré deux sacs et toute la semaine, ils la cuisaient nature dans leurs marmites et la mangeaient. Cette nourriture les faisait vomir, leurs intestins la refusaient. Deux nuits plus tôt, à la gare Alexandre Nevski, Dyguine avait regardé ses camarades, des soldats rappelés tenaillés par la faim — ils étaient tous plus âgés que lui et lui n'était plus bien jeune — et il se leva, animé d'une décision subite. Le vent hurlait sous les wagons, sifflait dans les fentes. Il allait calmer ces crampes d'estomac, lui donner n'importe quoi, même en petite quantité. Il sortit dans les ténèbres. Une heure et demie plus tard, il rentrait et jetait trois miches de pain sur une couchette. Le soldat assis à côté en resta pantois : « Y en a un de blanc !
— Vrai ? dit d'un ton indifférent Dyguine en l'apercevant. Je l'avais même pas vu. » Il n'était pas question d'aller raconter ça au commissaire. Comment êtes-vous encore en vie !... Quatre soldats traversaient depuis dix jours leur propre pays comme s'ils avaient parcouru un désert. Ils escortaient vingt-cinq mille pelles de sapeurs enduites de la graisse d'usine. Et elles allaient — cela Dyguine le savait depuis le début — de Gorko à Tbilissi. Mais toutes les autres marchandises étaient sans doute plus urgentes que ce chargement froid enduit d'une couche de graisse figée. Ils entamaient leur troisième semaine de voyage et n'avaient pas encore couvert la moitié du trajet. Le dernier dispatcher venu décrochait, s'il n'avait pas un poil dans la main, leurs quatre wagons et les laissait en plan dans n'importe quelle gare de dernière importance.

Ils avaient touché trois jours de ration à Gorki, puis trois autres à Saransk, et depuis ils n'avaient pas été fichus de tomber sur un centre de ravitaillement ouvert.

A la rigueur, ils l'auraient toléré, ils auraient accepté de se serrer la ceinture cinq autres jours s'ils savaient qu'ensuite ils récupéreraient les rations de la quinzaine passée. Mais ce qui faisait crier leur estomac et gémir leur cœur était le règlement en vigueur dans tous les centres d'approvisionnement : on ne donne rien en retard. Les bons périmés sont perdus à jamais.

— Mais pourquoi est-ce qu'on ne vous a rien délivré ? arriva à dire le lieutenant.

— Et vous, est-ce que vous le ferez ? fit Dyguine en desserrant les dents.

En sautant du wagon, il avait interrogé le premier soldat venu, lequel assurait qu'il y avait bien un centre d'approvisionnement à la gare. Mais la nuit tombait et en vertu du règlement, il était vain d'aller frapper au guichet.

Le sergent Gaïdoukov en avait oublié son allègre garde-à-vous devant son officier et était tourné vers Dyguine. Et, à présent, son long bras lui secouait l'épaule.

— Mon petit vieux ! Pourquoi tu ne m'as rien dit ? On va te passer quelque chose, et tout de suite !

Dyguine ne vacilla pas sous cette poigne, il ne se tourna pas, il fixait toujours l'adjoint au commissaire d'un œil morne. Il était écœuré de lui-même, de s'être montré si peu dégourdi, lui et ses vieux compagnons : pendant tous les onze jours, ils n'avaient rien demandé à personne, civils ou militaires, ils savaient qu'à une époque pareille nul n'avait une bouchée de trop à offrir. Aucun voyageur n'avait demandé de place dans leur fourgon sans cesse décroché, abandonné. Ils avaient épuisé leur tabac. Comme le fourgon était plein de fissures, ils avaient condamné avec des planchettes trois fenêtres sur quatre, si bien que même le jour il y faisait noir. Désespérant de tout, ils continuaient tout juste à alimenter leur feu et pendant les longs arrêts, un jour, deux parfois, ils se groupaient autour de leur poêle sombre, faisant bouillir leurs betteraves dans les gamelles et les piquant du couteau, sans rien dire.

D'un saut vif, Gaïdoukov se mit en position réglementaire :

— Puis-je disposer, camarade lieutenant ?

— Allez.

Il se sauva. Leurs mains amicales allaient offrir aux copains gruau et tabac. Ils n'avaient encore rien demandé à la vieille femme en plus qu'ils avaient acueillie ; eh bien à présent, il faudrait qu'elle donne quelque chose aux camarades, et il fallait aussi frapper à la valise de l'inspecteur, il serait bien forcé d'entendre.

— Oui, mais c'est 6 heures passées, réfléchissait le lieutenant. Notre centre d'approvisionnement est fermé.

— C'est que tous, ils sont toujours fermés... C'est ouvert que de 10 heures à 5 heures... A Penza, j'ai pris la queue, voilà qu'on me crie que mon train part. A Morchansk on est passés de nuit. Et à Riajsk pareil.

— Attends, attends ! dit le lieutenant avec empressement. Je ne vais pas laisser les choses comme ça. Tu vas voir !

Il prit le récepteur de son téléphone de campagne et fit un long appel.

— Personne.

Alors il fit trois appels.

Personne.

— Ah, l'animal !

Encore trois appels.

— C'est toi, Gouskov ?

— Oui, camarade lieutenant.

— Pourquoi n'as-tu pas un planton au téléphone ?

— Il vient de sortir. J'ai trouvé du lait aigre. Vous voulez que je vous en apporte, camarade lieutenant ?

— Sottises, je n'ai besoin de rien.

(Ce n'était pas pour Dyguine. Il interdisait tout le temps à Gouskov de lui apporter quoi que ce soit.

Question de principes. Et aussi pour que leurs rapports de service ne soient pas entachés, sinon il n'y aurait plus moyen de le faire travailler. Zotov au contraire avait même été informer le capitaine que Gouskov manquait de discipline.)

— Gouskov ! Voilà ce qui se passe. Un groupe d'escorte de quatre hommes vient d'arriver. Voilà onze jours qu'ils ne touchent pas leurs bons.

Gouskov émit un sifflement dans l'appareil.

— Ben ma parole, pour des endormis !

— C'est tombé comme ça ! Il faut les tirer d'affaire. Tu m'écoutes ! Il faut que tu te débrouilles pour faire venir Tchitchichev et Samoroukov, qu'ils leur délivrent leurs rations.

— Mais où voulez-vous que je les pêche ? C'est facile, ça...

— Où ? Mais chez eux, pardi.

— Y a une de ces gadoues, à s'enfoncer jusqu'au genou, et puis il fait noir comme...

— Tchitchichev habite tout près.

— Oui, mais Samoroukov ? De l'autre côté des voies. Celui-là, pour rien au monde il ne voudra venir, camarade lieutenant.

— Tchitchichev voudra bien.

Le comptable Tchitchichev était un réserviste rappelé ; on lui avait collé les quatre triangles (1), mais nul ne l'avait vu sous l'uniforme ; ce n'était qu'un comptable ordinaire, d'âge mur, atteint de déformation professionnelle aiguë. Incapable de parler sans son boulier : « Quelle heure est-il ? Cinq heures. » Et, pour qu'on comprenne, séance tenante, il marquait 5 sur son boulier d'un geste vigoureux. Ou bien il disait : « Si un homme (et de pousser une boule !) a du mal à vivre seul, il va (et de pousser une deuxième vers la première !) se marier. » Quand il était isolé de la queue grondante qui lui tendait ses tickets par une fenêtre

(1) Insigne du grade d'adjudant. (N.d.D.)

fermée et une grille, et que seul un petit guichet était réservé aux mains qui se tendaient. Tchitchichev était très dur, engueulait les soldats, repoussait les mains et refermait son guichet pour éviter les courants d'air. Mais s'il lui fallait sortir parmi la foule ou qu'un groupe d'hommes entrait dans son cagibi, il enfonçait instantanément sa tête ronde dans ses petites épaules, leur disait « mes amis » et apposait ses tampons. Il était également affairé et serviable pour ses supérieurs, n'osait rien refuser à tous ceux qui portaient des insignes de lieutenant. Zotov se disait que le centre d'approvisionnement n'était pas tenu de recevoir d'ordres de l'adjoint au commandant, mais que Tchitchichev ne lui refuserait pas ce service.

— Samoroukov ne voudra pas venir, insistait Gouskov.

Samoroukov avait lui aussi rang d'adjudant-chef, mais il considérait les lieutenants avec dédain. Ce loup repu, pétant de santé, n'était somme toute que simple magasinier, distributeur du centre de ravitaillement, mais il se comportait comme s'il avait les quatre rectangles de colonel. Il arrivait au dépôt gonflé de dignité avec un quart d'heure de retard, vérifiait les scellés, ouvrait les cadenas, relevait le volet et le calait au montant, l'air de vous faire une grâce peint sur son visage joufflu à l'aspect peu engageant. Même s'il y avait des foules de soldats rouges, pressés de rejoindre leurs convois, par groupes et isolés, ou des tas d'invalides, qui se pressaient devant son guichet, jurant et se flanquant des coups de béquilles pour approcher, Samoroukov se roulait tranquillement les manches jusqu'au coude, découvrant des avant-bras de charcutier, et vérifiait minutieusement les cachets de Tchitchichev sur les bons tout froissés et déchirés, il pesait tranquillement la marchandise (en trichant probablement sur le poids !), sans se soucier le moins du monde de savoir si les petits gars arriveraient ou non à sauter dans leur train. Il s'était choisi exprès un logement à l'écart, afin de ne pas être dérangé en dehors des heures de travail, et s'était cherché une logeuse possédant jardin potager et vache à lait.

Zotov pensa à Samoroukov et, aussitôt, se mit à bouillonner de rage. Il détestait cette engeance autant que les fascistes, elle n'était pas moins dangereuse qu'eux. Il ne comprenait pas pourquoi Staline ne publiait pas un ordre du jour ordonnant de fusiller sur place, en public, à deux pas de leur magasin, les Samoroukov.

« Non, il ne voudra pas venir », se disait à son tour Zotov. Et, furieux, honteux de lui-même, Zotov aurait cané et n'aurait pas osé le toucher, si ces soldats pas dégourdis pour un sou étaient restés le ventre vide trois ou même cinq jours seulement. Mais onze jours !

— Bon, eh bien ! Gouskov, il ne faut pas envoyer un homme mais y aller toi-même. Ne dis pas qu'il y a quatre soldats qui ont faim, dis que le capitaine le fait demander de toute urgence par mon intermédiaire, compris ? Qu'il vienne me trouver. Moi, je m'arrangerai avec lui.

Gouskov restait muet.

— Tu ne dis rien ? Tu n'as pas compris mon ordre ? « Bien, mon lieutenant ! » et en route !

— Vous avez demandé au capitaine ?

— Qu'est-ce que ça te fiche ? J'en prends la responsabilité ! Il est sorti, le capitaine. Il n'est pas là.

— Le capitaine ne lui donnera pas un ordre pareil, raisonnait Gouskov, ça ne se fait pas de retirer et de remettre les scellés en pleine nuit pour deux pains et trois harengs.

C'était bien vrai.

— Et puis qu'est-ce qu'on a besoin de se presser comme ça, poursuivait Gouskov. Ils n'ont qu'à attendre jusqu'à demain matin dix heures. Une nuit, en voilà une affaire. N'ont qu'à se coucher sur le ventre et à se mettre leur dos dessus.

— Mais leur train va partir tout de suite, il est

rapide, ce serait dommage de les décrocher, ils sont suffisamment restés en souffrance. On attend quelque part leur chargement, on en a besoin quelque part.

— D'accord, mais alors si le train part, Samoroukov ne sera pas encore arrivé. Le temps d'y aller et de revenir dans cette gadoue, même avec une lanterne, ça fait une heure et demie, pas moins. Deux heures.

Oui, cette fois-ci encore, les arguments de Gouskov étaient sensés...

Sans décontracter les mâchoires, son casque à la Boudienny aux oreillettes baissées sur son visage boucané, Dyguine dévorait des yeux le récepteur, s'efforçant de comprendre ce qui se disait à l'autre bout du fil.

— Ceux d'aujourd'hui aussi sont fichus, constata-t-il en baissant la tête d'un air éperdu.

Zotov soupira, appuya sur le levier, afin que Gouskov n'entendît pas.

— Qu'est-ce qu'on y peut faire, mon ami ? Ça ne marchera pas aujourd'hui. Vous devriez peut-être aller jusqu'à Griazi avec ce rapide ? C'est un bon train, vous serez rendu demain matin.

Et il l'aurait probablement convaincu si Dyguine n'avait flairé en lui un point faible.

— Je ne partirai pas. Mettez-moi aux arrêts si vous voulez, je ne partirai pas.

Une main frappa au carreau de la porte. Un citoyen rondelet, en large casquette de laine pied-de-poule gris et noir était debout sur le seuil. Il devait demander la permission d'entrer avec un salut courtois, mais on n'entendait rien dans le bureau.

— Eh bien, eh bien, entrez donc ! cria Zotov.

Il appuya sur le levier :

— C'est bon, Gouskov, raccroche, je vais voir ça.

L'inconnu, dehors, ne comprit pas tout de suite, enfin, il entrouvrit la porte et, à nouveau :

— Puis-je entrer ?

Zotov fut frappé par cette voix, une riche voix de basse, d'une noble retenue, par modestie. Il portait une drôle de veste brun tirant sur le roux, à longs pans, aux manches raccourcies, mais de modèle civil, tandis qu'il avait des godillots de troufion et des bandes molletières. Il tenait dans une main un petit sac à effets de l'armée, très sale. En entrant, il souleva de sa main libre son imposante casquette et salua les deux hommes :

— Bonjour !

— Bonjour.

— Dites-moi, je vous prie, demanda-t-il d'un ton courtois, le maintien digne comme si sa mise n'était pas disparate, mais au contraire fort correcte, où pourrais-je trouver le commissaire ?

— Je suis son adjoint.

— Alors, c'est sans doute à vous que je dois m'adresser.

Il chercha à poser sa casquette pied-de-poule qui, de plus, avait l'air maculée par la poussière de charbon et, ne trouvant aucun endroit adéquat, la coinça sous le coude de l'autre bras, tandis que de sa main ainsi libérée, il se mettait à dégrafer d'un air préoccupé sa veste. Elle n'avait pas de col, ou plutôt son col avait dû être arraché et une chaude écharpe de laine lui enveloppait le cou. S'étant dégrafé, l'inconnu mit à jour son uniforme d'été fortement décoloré et souillé ; ensuite, il entreprit de déboutonner la poche de sa vareuse.

— Attendez, attendez, dit Zotov avec un geste à l'appui. Bon, eh bien...

Il plissa les yeux, regardant Dyguine, sombre, immobile.

— Je vais faire pour toi une chose qui ne dépend que de moi, je vais décrocher tes wagons. A dix heures du matin, tu seras servi...

— Merci, dit Dyguine, et il le fixa de ses yeux injectés de sang.

— Pas la peine de me remercier, d'ailleurs, ça n'était pas une chose à faire. Tu étais dans un si bon train. Je ne sais pas à quoi on va t'atteler à présent.

— Ça fait déjà deux semaines qu'on se trimbale. Un jour de plus ou de moins... dit Dyguine en s'animant. Je vois bien ce que j'ai à convoyer.

— Non-on ! dit Zotov en levant puis secouant le doigt. Nous n'avons pas à donner notre avis, ni toi ni moi...

Il jeta un coup d'œil de biais à l'intrus, s'approcha tout contre Dyguine et lui murmura d'une voix à peine audible où perçait toutefois son accent :

— Du moment que tu vois ce que tu convoies, réfléchis un peu. Pour combien d'hommes on peut creuser des tranchées avec tes pelles ? Pour deux divisions ! S'enfoncer dans la terre, ça signifie la vie sauve. Vingt-cinq mille pelles, cela représente vingt-cinq mille vies humaines. Pas vrai ?

Zotov jeta un nouveau coup d'œil oblique à l'inconnu. Celui-ci, comprenant qu'il était de trop, recula jusqu'au mur, se retourna et, de sa main libre, il couvrait à tour de rôle, non, réchauffait ses oreilles.

— Quoi ? Vous avez froid ? dit bien fort Zotov en riant.

L'homme se retourna, le sourire aux lèvres.

— Vous savez, le temps s'est terriblement refroidi. Il y a un vent épouvantable. Et avec ça humide !

Oui, en effet, le vent sifflait en heurtant l'angle du bâtiment et faisait tinter le carreau mal fixé de la fenêtre droite, derrière le store. Et cette flotte qui rejaillissait de la gouttière !

Ce drôle de bonhomme, pas rasé, avait un sourire très sympathique qui vous ouvrait le cœur. Il n'avait pas non plus la boule à zéro. Des cheveux souples, courts et peu épais arrivaient à couvrir sa grosse tête. Des traînées de mèches blanches leur donnaient des reflets argentés.

Il ne ressemblait ni à un militaire ni à un civil.

— Voici.

Il tenait en main un papier tout prêt.

— Voici ma...

— Un instant, un instant.

Zotov prit le papier sans le regarder.

— Vous... asseyez-vous. Sur cette chaise. Allez.

Après avoir jeté un autre coup d'œil sur l'invraisemblable veste, il revint à sa table, ramassa son code, ses bordereaux, les enferma dans son coffre, fit signe à Dyguine et se rendit avec lui chez Valia.

Elle s'évertuait à démontrer Dieu sait quoi au téléphone. Frossia se séchait, accroupie devant le poêle. Zotov s'approcha de Valia, la prit par la main, par celle qui tenait le téléphone.

— Ma petite Valia...

La jeune fille se retourna vivement et le regarda d'un air enjoué, tant il lui avait semblé sentir de tendresse dans sa façon de prendre et de tenir sa main. Mais elle achevait sa communication :

— Le 1002 entre en gare. On n'a rien à faire avec. Aiguille-le sur Tambov, Pétrovitch...

— Mon petit ! Envoie tout de suite Frossia marquer ces quatre wagons ou les montrer directement aux décrocheurs, le sergent va l'accompagner ; il faut que le dispatcher les fasse décrocher et les laisse en voie de garage jusqu'à demain.

Frossia, toujours assise à croupetons, tourna son grand visage austère vers le lieutenant et remua la lèvre.

— Bien, Vassili Vassiliévitch, répondit Valia, souriante.

Elle tenait encore sans nécessité aucune la main sur l'appareil, jusqu'au moment où il retira ses doigts.

— Je l'envoie à l'instant.

— Quant à l'autre convoi, il faut qu'il parte avec la première locomotive. Fais ton possible.

— Très bien, Vassili Vassiliévitch, répondit Valia avec un sourire radieux.

— C'est tout, annonça le lieutenant à Dyguine.

Frossia soupira comme un soufflet de forge, se racla la gorge et se redressa.

Dyguine porta sans un mot la main à sa tempe et la garda dans cette position, son casque lui faisait des oreilles en feuille de chou et sa mine n'avait rien de militaire.

— Tu viens d'être mobilisé ? Ouvrier, probablement ?

— Oui.

Dyguine regardait le lieutenant fixement, avec gratitude.

— Remets ton triangle, conseilla Zotov en lui montrant la patte de col vide.

— J'en ai pas. Il s'est cassé.

— Et ton casque, ou bien tu boutonnes les oreilles, ou bien tu les relèves, vu ?

— C'est ça ! Les relever ! grogna Frossia, son ciré déjà sur le dos. Avec cette saleté de neige fondue qui tombe ! Allons-y, mon gars !

— Très bien, bonne chance. Demain, tu trouveras ici un autre lieutenant ; insiste pour qu'il vous fasse partir.

Zotov regagna son bureau, poussa la porte. Quatre mois auparavant, il n'avait pas la moindre idée de la manière dont on doit boucler son ceinturon et il lui semblait parfaitement stupide et ridicule de lever la main pour rendre le salut.

Quand Zotov entra, le visiteur ne se leva pas vraiment de son siège, mais esquissa un mouvement pour montrer qu'il était prêt à le faire s'il le fallait. Le sac était par terre, la casquette pied-de-poule posée dessus.

— Restez assis, restez assis.

Zotov s'installa à sa table.

— Et alors ?

Il déplia le papier.

— Mon train est parti... sans moi, déclara l'homme avec un sourire fautif.

Zotov lut le papier ; il émanait du commissaire de la

gare de Riajsk ; tout en adressant des coups d'œil à l'inconnu, il lui posa les questions de rigueur :

— Nom ?

— Tvéritinov.

— Prénom, patronyme ?

— Igor Démentiévitch.

— Vous avez plus de cinquante ans ?

— Non, quarante-neuf ans.

— Quel était le numéro de votre train ?

— Je n'en ai pas la moindre idée.

— Comment, on ne vous a pas annoncé le numéro ?

— Non.

— Et pourquoi figure-t-il ici ? C'est vous qui l'avez indiqué ?

(Il s'agissait du 245-413, le train d'Artchéda que Zotov avait fait partir la nuit dernière.)

— Non. A Riajsk j'ai dit d'où il venait et quand, ce doit être le commandant qui a trouvé le numéro tout seul !

— Où avez-vous perdu votre train ?

— A Skopina.

— Comment cela s'est-il produit ?

— Eh bien, pour dire la vérité...

Le même sourire contrit effleura les grosses lèvres de Tvéritinov.

— J'étais allé... échanger des affaires... contre quelque chose à me mettre sous la dent lorsque le train est parti. A présent, il n'y a pas de sifflet, les trains partent sans bruit.

— Quand était-ce ?

— Avant-hier.

— Et vous n'êtes pas arrivé à le rattraper ?

— Il faut croire que non. Et par quel moyen donc ? Les wagons plates-formes, ça pleut. Les passerelles de wagons, vous savez, celles avec une échelle, il y a un courant d'air du diable et on se ferait expulser par les sentinelles. Les fourgons, on ne vous laisse pas entrer : ils n'ont ni le droit ni la place. Tenez, un jour, j'ai vu un train de voyageurs, un vrai miracle ; eh bien, il y a deux chefs de wagons à toutes les entrées et, vous savez, ils repoussent les gens pour les empêcher de s'accrocher aux rampes. Les trains de marchandises, il est trop tard pour monter quand ils sont déjà en marche et quand ils sont à l'arrêt sans locomotive, impossible de deviner dans quel sens ils vont partir. Ils n'ont pas de plaque en émail avec leur destination : « Moscou-Minéralnyé Vody ». On n'a pas le droit de demander un renseignement, sinon on vous prendrait pour un espion, surtout vêtu comme je suis... De manière générale, il est dangereux de poser des questions.

— Bien sûr, nous sommes en guerre.

— C'était déjà comme ça avant la guerre.

— Tiens, je ne m'en étais pas aperçu !

— Oui, oui, assura Tvéritinov en plissant imperceptiblement les yeux, après 1937...

— Comment 1937 ? s'étonna Zotov. Qu'est-ce qu'il y a eu en 1937 ? La guerre d'Espagne ?

— Mais non !... Tvéritinov baissa les yeux avec le même sourire fautif. Non...

Sa moelleuse écharpe grise s'était dénouée et lui descendait jusqu'à la ceinture, dans l'ouverture de la veste.

— Pourquoi n'êtes-vous pas en uniforme ? Où est votre capote ?

— Je n'en ai jamais eu. On ne nous en a pas distribué, dit Tvéritinov, souriant.

— Et ce... ce sarrau... d'où sort-il ?

— Ce sont de braves gens qui me l'ont donné...

— Hum... hum... Zotov réfléchit un instant. Je dois pourtant vous faire remarquer que vous êtes arrivé bien vite ici. Hier matin encore, vous étiez chez le commissaire de Riajsk et, ce soir, vous voici déjà à Krétchétovka. Comment avez-vous fait le trajet ?

Tvéritinov fixa Zotov de ses yeux tout grands ouverts. Des yeux doux, confiants. Sa façon de parler enchantait tout particulièrement Zotov ; la manière dont il s'interrompait s'il lui semblait que son interlocuteur voulait le contredire ; la manière dont il appuyait ses paroles, non en agitant les mains, mais au moyen de légers mouvements des doigts.

— J'ai eu une chance inouïe. Je suis monté dans un wagon-tombereau à je ne sais plus quelle gare... Depuis deux jours, je commence à m'y connaître en fait de terminologie ferroviaire. « Wagons-tombereaux », je m'imaginais que cela devait avoir quelque chose du wagon, ne serait-ce qu'un bout de toit. Je grimpe à l'échelle : rien qu'une fosse de fer, un piège à loups et pas moyen de s'asseoir ni de s'appuyer, il y avait eu du charbon avant et en marche le poussier voltigeait et tourbillonnait sans arrêt. J'ai eu mon compte. Et par-dessus le marché, la pluie qui se met à tomber...

— Mais alors, qu'est-ce qui vous fait dire que vous avez de la chance ? demanda Zotov en riant aux éclats. Je ne comprends pas. Et vos habits, regardez-moi dans quel état ils sont !

Quand il riait, deux grands et sympathiques sillons se creusaient de part et d'autre de ses lèvres et montaient jusqu'à son nez tavelé.

— C'est quand je suis descendu de mon wagon-tombereau, je me suis secoué, débarbouillé et j'ai vu accrocher un train à une locomotive, direction sud. J'ai couru tout le long du convoi, pas le moindre fourgon habité, toutes les portières plombées. Et, tout d'un coup, j'aperçois un camarade qui sort, satisfait un besoin naturel et regrimpe dans un wagon pas chauffé, mais ouvert. Je le suis, et figurez-vous que le wagon était plein à craquer de couvertures molletonnées !

— Et il n'était pas plombé ?

— Non ! On voyait très bien qu'au début elles étaient liées en balles, par dix ou cinq ; beaucoup de ces balles étaient défaites, donc, rien de plus facile que de se plonger dedans. Il y avait déjà plusieurs gars qui y dormaient.

— Eh bien, c'est du joli !

— Je me suis enroulé dans trois ou quatre couvertures et alors quel bon somme j'ai fait, un délice, j'ai dormi vingt-quatre heures sans m'éveiller ! Je ne sais même pas si le train roulait ou était à l'arrêt. Surtout que je n'ai pas touché de ration depuis trois jours ; je dormais, je dormais, j'en ai oublié la guerre, l'encerclement... J'ai rêvé à ma famille...

Sa figure de papier mâché mal rasée rayonnait.

— Halte-là !

Zotov bondit de sa chaise, il venait de faire un rapprochement.

— C'est ce convoi-là... Quand est-ce que vous êtes arrivé ?

— Eh bien... combien de minutes au juste... je ne sais pas, moi. Je suis venu ici sitôt descendu du train.

Zotov fonça vers la porte, la poussa violemment, bondit dans l'autre bureau :

— Valia ! Valia ! Ce train de passage pour Balachov, 1000 je ne sais plus combien sur vos listes...

— 1002.

— Il est encore en gare ?

— Non. Il est parti.

— C'est certain ?

— Certain.

— Sapristi ! s'exclama-t-il en se prenant la tête. Nous sommes assis à nos bureaux, nous autres, bureaucrates de malheur, nous reclassons des paperasses, nous ne voyons rien, nous ne méritons pas le pain que nous mangeons ! Appelez-moi Mitchourinsk-Ouralski et en vitesse !

Il bondit à nouveau dans son bureau.

— Vous ne vous rappelez pas le numéro du wagon ! demanda-t-il à Tvéritinov.

— Non, dit Tvéritinov dans un sourire.

— C'était un wagon à deux ou quatre axes ?

— Je ne m'y connais pas...

— Comment, vous ne vous y connaissez pas ? Petit ou grand ? Combien de tonnes ?

— Comme on disait pendant la guerre civile : « Hommes : 40. » « Chevaux : 8. »

— Bon, alors c'était un seize tonnes. Il n'y avait pas d'escorte ?

— Il semble que non.

— Vassili Vassiliévitch ! criait Valia. Le dispatcher militaire à l'appareil. Vous voulez le commissaire ?

— Peut-être que je n'ai pas besoin de lui, peut-être que ce n'est pas du matériel de l'armée.

— Si vous le permettez, je m'expliquerai toute seule ?

— Eh bien, allez-y, ma petite. Peut-être qu'on les évacue simplement, ces couvertures, allez donc savoir. Ils n'auront qu'à passer soigneusement le convoi en revue, trouver ce wagon, déterminer son appartenance, établir un constat, plomber le wagon, bref, ils n'ont qu'à régler l'affaire !

— Bien, Vassili Vassiliévitch.

— Merci beaucoup, ma petite Valia. Vous êtes une auxiliaire précieuse.

Valia lui sourit. Ses boucles lui couvraient le visage.

— Alleu ! Mitchourinsk-Ouralski ?...

Zotov referma la porte et, tout ému encore, traversa la pièce, se frappa les mains l'une contre l'autre.

— Un boulot, on ne s'en sort pas, déclara-t-il en appuyant sur les « o ». Et on ne me donne pas d'adjoint. Tout de même, ces couvertures, on peut les faucher comme de rien. Si ça se trouve, il en manque déjà.

Il fit quelques pas, puis s'assit. Il retira ses lunettes pour les essuyer avec un chiffon. Son visage perdit aussitôt son aspect affairé et devint celui d'un grand gosse, avec pour seule défense sa casquette verte.

Tvéritinov attendait patiemment. Ses yeux mélancoliques parcoururent les stores de camouflage, le portrait en couleurs de Kaganovitch en uniforme de maréchal des chemins de fer, le poêle le seau, la pelle. Dans ce bureau surchauffé, sa veste semée de poussière de charbon commençait à embarrasser Tvéritinov. Il la rejeta sur les épaules et retira son écharpe.

Le lieutenant remit ses lunettes et examina une nouvelle fois la feuille de route. En réalité, ce n'était pas un véritable document officiel, étant rédigée d'après les déclarations de l'intéressé, elle pouvait aussi bien être véridique que mensongère. D'après les instructions reçues, il fallait faire montre d'une extrême vigilance à l'égard des ex-combattants encerclés, surtout s'ils se présentaient isolément. Tvéritinov ne pouvait démontrer qu'il avait vraiment raté son train à Skopina. Et si c'était à Pavéletz ? Dans l'intervalle, il pouvait avoir fait un saut à Moscou ou ailleurs pour accomplir une mission ?

Toutefois, le fait d'être arrivé aussi vite témoignait en sa faveur.

Oui, mais qu'est-ce qui garantissait qu'il était bien descendu du train en question ?

— Ainsi, vous étiez bien au chaud durant votre voyage ?

— Bien sûr que oui. J'aurais continué avec plaisir.

— Pourquoi alors êtes-vous descendu ?

— Pour me présenter à vous. C'est ce qu'on m'avait dit de faire à Riajsk.

Tous les traits de la grosse tête de Tvéritinov étaient accusés : front large et dégagé, sourcils fournis, nez volumineux. Son menton et ses joues étaient envahis par des poils grisonnants uniformes.

— Comment avez-vous su que vous vous trouviez à Krétchétovka ?

— Il y avait un Géorgien qui dormait à côté de moi ; c'est lui qui me l'a dit.

— Un militaire ? Quel grade ?

— Je ne sais pas, il n'a fait que sortir sa tête des couvertures.

Tvéritinov était gagné par la tristesse, comme si à chaque réponse il perdait quelque chose.

— C'est bon, dit Zotov en repoussant la feuille de route. Qu'est-ce que vous avez comme autres papiers ?

— Mais rien du tout, répondit Tvéritinov avec un sourire affligé. Où est-ce que vous voulez que j'en prenne ?

— Ah ! oui... Rien ?

— Quand nous étions encerclés, tous ceux qui en avaient les ont détruits.

— Bon, mais après, quand vous êtes rentrés en territoire soviétique, on a quand même dû vous remettre quelque chose ?

— Non. Rien. On a établi des listes, on nous a répartis par groupes de quarante et on nous a embarqués dans le train.

Effectivement, on avait dû agir ainsi. Tant qu'on est avec les camarades, on est incorporé au groupe et les papiers sont inutiles.

Toutefois, Zotov désirait avoir une preuve matérielle quelconque qui confirmât sa sympathie involontaire pour cet homme qui avait de si belles manières et une aussi noble tête.

— Voyons, n'importe quoi. Avez-vous gardé dans vos poches un papier quelconque ?

— Ah ! eh bien... des photos peut-être. De ma famille.

— Montrez-les.

Le lieutenant n'exigeait pas, il demandait.

Les sourcils de Tvéritinov remontèrent légèrement. Il avait encore ce sourire distrait ou qui n'arrivait pas à s'exprimer ; il sortit de la même poche de vareuse (l'autre ne fermait pas, le bouton manquait) un paquet plat de gros papier orange. Il le déplia sur ses genoux, en tira deux photos de 9 × 12, les regarda l'une et l'autre, puis se souleva de son siège pour les remettre au lieutenant ; la chaise était assez près de la table et Zotov se pencha pour saisir les photos. Il se mit à les regarder, tandis que Tvérétinov, qui tenait toujours le papier d'emballage ouvert sur son genou, redressait le dos et essayait lui aussi de les regarder de loin.

Une des photographies prise dans un petit jardin, par une belle journée ensoleillée, vraisemblablement au début du printemps (les feuilles étaient encore minuscules et au fond des arbres on voyait des trous), représentait une fillette d'environ quatorze ans en robe grise à rayures, serrée à la taille. Un cou long et maigre qui sortait du col ouvert, une figure allongée, menue qui, bien qu'immobile sur la photo, semblait frémir. Il y avait dans toute cette photo quelque chose d'inachevé, d'inexprimé, si bien qu'au lieu d'être gaie, elle vous serrait le cœur.

La fillette plut beaucoup à Zotov. Ses lèvres s'écartèrent :

— Comment s'appelle-t-elle ? demanda-t-il à mi-voix.

Tvéritinov avait les yeux clos.

— Lialia (1), répondit-il plus doucement encore.

Puis il ouvrit les paupières et corrigea :

— Irina.

— Quand a-t-elle été prise ?

— Cette année.

— Où ça ?

— Aux environs de Moscou.

Six mois ! Six mois s'étaient écoulés depuis l'instant où quelqu'un avait dit : « Ma petite Lialia ! Je te prends en photo ! » et avait appuyé sur l'obturateur et depuis, par dizaines de milliers, des gueules de canon avaient grondé, par millions des fontaines de terre noire avaient jailli, par millions des hommes avaient été entraînés dans une sorte de carrousel infernal. Qui venu à pied de Lithuanie, qui venu en train d'Irkoutsk. Et, à présent, dans cette gare où la bise glaciale poussait une pluie mêlée de neige, où des convois entiers restaient en souffrance, où des gens s'aggluti-

(1) Diminutif affectueux qui veut dire « Bébé ». (N.d.T.)

naient le jour, foule insensée, et dormaient pêle-mêle la nuit sur les planchers noirs, comment pouvait-on croire dans cette gare que ce charmant jardin, que cette fillette, que cette robe existent encore sur terre !

La seconde photo représentait une femme et un petit garçon assis côte à côte sur un divan, occupés à examiner un grand livre avec des images sur toute la page. La maman était, elle aussi, mince, fine, grande sûrement ; le petit garçon, âgé de sept ans, le visage arrondi avec une expression d'extrême intelligence, regardait non le livre, mais sa mère qui lui expliquait quelque chose. Il avait les mêmes gros yeux que son père.

Dans l'ensemble, tous les membres de la famille avaient une certaine allure de distinction. Zotov ne s'était jamais trouvé en compagnie de pareilles familles, pourtant la fréquentation de la galerie Trétiakov, des théâtres, certaines lectures aussi avaient laissé dans sa mémoire d'insensibles marques que de telles familles existaient. Leur confort raffiné s'exhalait de ces deux photos.

Zotov remarqua en les restituant :

— Mais vous avez chaud. Mettez-vous à l'aise.

— Oui, acquiesça Tvéritinov et il retira sa veste.

Il ne savait où la poser.

— Là-dessus, sur le divan, indiqua Zotov en faisant le geste de l'y mettre.

Les pièces, les déchirures, les boutons disparates de l'uniforme d'été ressortaient à présent. Ainsi que les molletières maladroitement enroulées : les bandes trop lâches avaient glissé et ballotaient sur les jambes. Tout l'accoutrement de l'inconnu semblait narguer sa grosse tête argentée.

Zotov ne cherchait plus à refréner sa sympathie pour cet homme équilibré qui lui avait plu dès l'abord non sans raisons.

— Et qui êtes-vous ? demanda-t-il avec respect.

Tvéritinov, qui enveloppait avec tristesse les photos

dans le papier orange, eut un petit rire en énonçant sa réponse :

— Je suis comédien.

— Ah ! ou-oui ? s'exclama Zotov stupéfait. Comment ne l'ai-je pas deviné tout de suite ! Vous avez tout l'air d'un comédien !...

(Dans le moment présent, il y ressemblait moins que tout !)

— ... Artiste émérite, probablement ?

— Non.

— Et où jouiez-vous ?

— Au *Théâtre Dramatique* à Moscou.

— Je ne suis allé qu'une fois au théâtre à Moscou, c'était au *Théâtre d'Art,* au cours d'une sortie collective dans la capitale. Mais à Ivanovo, j'allais souvent au théâtre. Vous n'avez pas vu le nouveau théâtre d'Ivanovo ?

— Non.

— Vu du dehors, c'est quelconque, une boîte grise, style béton armé, mais à l'intérieur, c'est splendide ! J'aimais beaucoup aller au théâtre, pour moi ce n'est pas seulement un divertissement, on s'instruit au théâtre, n'est-ce pas ?

(Pendant ce temps, évidemment, les constats pour le convoi incendié réclamaient qu'il s'occupât d'eux : mais, de toute manière, il fallait deux journées entières de travail. Alors qu'il était si flatteur de faire la connaissance d'un grand comédien et de bavarder un petit moment avec lui !)

— Quels rôles avez-vous interprétés ?

— De nombreux rôles, répondit Tvéritinov avec un sourire triste. En tant d'années, je ne saurais même pas les citer tous.

— Oui, mais encore. Par exemple ?

— Eh bien... le lieutenant-colonel Verchinine... le docteur Rank...

— Ouais, ouais...

Zotov n'avait pas souvenance de ces rôles.

— Les pièces de Gorki, vous ne les avez pas jouées ?
— Bien sûr que si.
— C'est ce que je préférais, moi, les pièces de Gorki. Et, de manière générale, Gorki. Le plus intelligent, le plus humain, le plus grand de nos écrivains. Vous ne trouvez pas ?
Tvéritinov fit un effort des sourcils pour trouver la réponse, mais il n'y parvint pas et garda le silence.
— Il me semble que je connais même votre nom. Vous n'êtes pas artiste émérite ?
Zotov avait légèrement rougi tant cette conversation lui faisait plaisir.
— Si j'étais artiste émérite, répondit Tvéritinov en écartant un peu les bras, je ne serais sûrement pas ici en ce moment.
— Pourquoi ?... Ah ! oui, bien sûr, vous n'auriez pas été mobilisé.
— Nous n'avons pas été mobilisés. Nous faisions parti des Milices populaires. Engagés volontaires.
— Alors, il y a sûrement eu des artistes émérites qui se sont engagés volontaires ?
— Tous le faisaient, à commencer par les metteurs en scène. Mais, à un moment donné, quelqu'un a tiré un trait après un certain numéro, ceux qui étaient au-dessus du trait sont restés, ceux qui étaient au-dessous sont partis.
— Vous avez subi un entraînement ?
— Pendant quelques jours. Pour le combat à la baïonnette. Avec des bâtons. Et pour le lancement des grenades. En bois.
Les yeux de Tvéritinov s'étaient incrustés en un point précis du plancher, à telle enseigne qu'ils semblaient en verre.
— Et ensuite, on vous a donné des armes ?
— Oui, on nous a distribué des fusils alors que notre unité était en marche. Modèle 1981. Nous sommes allés à pied jusqu'à Viazma. Et, aux environs de Viazma, nous avons été pris dans des tenailles.

— Il y a eu beaucoup de tués ?

— A mon avis, la plupart ont été faits prisonniers. Nous formions un petit groupe qui a fusionné avec des combattants du front encerclés et ce sont eux qui nous ont sortis d'affaire. Je n'ai même pas idée de l'emplacement du front. Vous avez des cartes ?

— Il n'y a pas de cartes, les communiqués sont imprécis, mais je peux vous dire que Sébastopol, plus un morceau de Crimée, est à nous, Taganrog aussi, nous tenons le bassin du Donetz. Par contre, Orel et Koursk sont entre leurs mains...

— Oh ! là ! là !... Et les environs de Moscou ?

— C'est là qu'on n'y comprend goutte. On se bat presque dans la zone suburbaine. Leningrad est complètement coupée...

Le front de Zotov, tout le pourtour des yeux se plissèrent en rides douloureuses.

— Et moi qui ne peux pas me faire envoyer au front !

— Vous en aurez encore l'occasion, allez !

— Pour cette raison seulement que la guerre durera plus d'une année.

— Vous avez été étudiant ?

— Oui ! Pratiquement, nous avons soutenu nos projets de fin d'études aux premiers jours de la guerre... Si on peut appeler ça une soutenance... Nous devions les préparer pour décembre. Voilà qu'on nous dit : tous ceux qui ont des croquis, des calculs, qu'ils nous les amènent et ça suffit comme ça.

Zotov trouvait le sujet intéressant, il se sentait à son aise et les mots se bousculaient dans sa gorge pour tout raconter d'un trait :

— Cinq ans entiers, eh ! oui... Quand nous sommes entrés à l'Institut, Franco s'était déjà rebellé ! Puis on a cédé l'Autriche ! La Tchécoslovaquie ! Le début de la guerre mondiale ! De la guerre de Finlande ! L'invasion de la France ! de la Grèce ! de la Yougoslavie !... Avec quel état d'esprit voulez-vous que nous étudiions les machines textiles ? Mais cela importe peu. Sitôt diplômés, mes camarades ont été envoyés à un centre d'instruction à l'Académie de la motorisation et de la mécanisation et moi non, à cause de mes mauvais yeux, je suis extrêmement myope. Chaque jour, j'allais assiéger le centre de recrutement, chaque jour. J'ai l'expérience depuis 1937... La seule chose que j'aie jamais obtenue, ç'a été une affectation à l'Ecole d'intendance. Bon, d'accord. Mon affectation en poche, je suis passé par Moscou et je me suis faufilé au Commissariat à la Défense. Je me suis adressé à un vieux colonel, il était terriblement pressé, en train de boucler sa serviette. « Eh bien, voilà, lui dis-je, je suis ingénieur, je ne veux pas aller dans l'Intendance.

— Montrez votre diplôme ! Mon diplôme, je ne l'avais pas... « Bon, je vais te poser une seule et unique question, si tu y réponds, ça veut dire que c'est vrai. Qu'est-ce qu'une manivelle ? » Je lui débite d'une traite : « Une pièce fixée sur l'arbre de transmission et articulée à la bielle pour... » Il a barré Ecole d'intendance, écrit : « Ecole du train. » Et il s'est sauvé avec sa serviette. Moi, je jubilais ! Je suis arrivé à l'école, les admissions étaient closes, il n'y avait que des cours de commissaires ferroviaires. La manivelle ne m'a servi à rien !...

Vassili savait que ce n'était pas le moment de bavarder, de débiter ses souvenirs, mais les occasions étaient si rares de se confier à un homme cultivé, attentif.

— Vous fumez sûrement ? s'avisa Vassili. Fumez, je vous en prie... Un coup d'œil sur la feuille de route, Igor Démentiévitch. Voici du tabac, voici du papier, j'ai droit à une ration, mais je ne fume pas.

Il sortit de son tiroir un paquet de tabac doux, à peine entamé et le présenta à Igor Démentiévitch.

— Je fume, en effet, avoua Igor Démentiévitch et la délectation illumina son visage.

Il se souleva, se pencha sur le paquet de tabac, mais ne roula pas immédiatement sa cigarette ; il commença par s'imprégner de l'odeur du tabac et parut même pousser un imperceptible gémissement. Puis il lut la marque et, hochant la tête :

— Du tabac d'Arménie !...

Il se fit une grosse cigarette, passa la langue sur le papier et, aussitôt, Vassili fit flamber une allumette.

— Et dans ces couvertures, personne ne fumait, non ? demanda Zotov.

— Je n'ai pas remarqué.

Igor Démentiévitch s'appuya, envahi par la béatitude, au dossier de sa chaise.

— Il me semble que personne n'avait de tabac.

Il fumait, les yeux plissés.

— Et pourquoi avez-vous parlé de 1937 ? demanda-t-il.

— Vous n'avez tout de même pas oublié ce qui s'est passé à l'époque ! se mit à raconter Vassili avec fougue. La guerre d'Espagne ! Les fascistes à la Cité universitaire. Les brigades internationales ! Guadalajara, Jamara, Teruel ! Vous vous imaginez qu'on peut rester en place ? On demande à étudier l'espagnol, on nous enseigne l'allemand. J'achète un manuel, un dictionnaire, je laisse tomber les interrogations, les examens, je me mets à l'espagnol. Je vois d'après la situation que nous participons à la lutte, notre conscience révolutionnaire nous interdit de nous tenir à l'écart ! Mais dans les journaux, motus. Comment aller en Espagne ? Filer à Odessa et y embarquer, c'est de l'enfantillage, et puis il y a les gardes-frontières. Alors, je m'en vais trouver le chef du bureau de recrutement de la quatrième section, de la troisième section, de la deuxième section, de la première section. Envoyez-moi en Espagne ! Ça les fait rire, t'es pas fou, il n'y a aucun de nos compatriotes en Espagne, qu'est-ce que tu vas y fiche ?... Je vois que vous aimez fumer, allez, vous pouvez prendre tout le paquet ! De toute manière, c'est seulement pour offrir. Et puis j'en ai encore à la maison. Mais non, mais non, mettez-le dans votre sac, je vous en prie, bouclez-le et alors seulement je vous croirai... A présent, le tabac, c'est un vrai laissez-passer, ça vous rendra service en route... Et alors figurez-vous que je lis tout d'un coup dans la *Krasnaïa-Zvezda,* tous les journaux, je les lisais, je lis une citation d'un journaliste français qui écrivait entre autres : « L'Allemagne et l'U.R.S.S. considèrent l'Espagne comme un polygone d'essais. » Moi, je suis pointilleux de nature. J'ai réclamé ce numéro à la bibliothèque, j'ai attendu trois jours pour voir s'il n'y aurait pas un démenti de la rédaction. Rien. Alors, je suis allé voir le chef du bureau de recrutement en personne et je lui ai dit : « Lisez ! Il n'y a pas eu de démenti, c'est donc que nous nous battons en Espagne. Je vous prie de m'envoyer en Espagne. Simple soldat ! » Mais c'est qu'il assène à ce moment un de ces coups de poing sur la table ! « Pas de provocation, je vous prie ! Qui vous a envoyé ? Quand il le faudra, nous vous appellerons. Demi-tour, marche ! »

Vassili riait de bon cœur en rappelant ces souvenirs. Des sillons creusaient à nouveau ses joues. Il se sentait parfaitement à son aise avec ce comédien et l'envie le prenait de lui raconter la visite des marins espagnols au cours de laquelle il leur avait répondu en espagnol, de lui demander comment cela s'était passé quand il était encerclé, bref de parler de la tournure prise par les événements, avec cet homme éduqué, intelligent.

Mais Valia entrouvrit la porte :

— Vassili Vassiliévitch ! Le dispatcher demande si vous avez quelque chose pour le 794. Sinon, nous lui laissons la voie.

Zotov jeta un coup d'œil sur son graphique.

— Qu'est-ce que c'est déjà ? Direction Povorino ?

— Oui.

— Il est déjà ici ?

— Il va arriver dans une dizaine de minutes.

— J'ai bien l'impression qu'il n'y a pas grand-chose à nous dedans. Qu'est-ce qu'il y a d'autre ?

— Du matériel d'usine et quelques wagons de voyageurs.

— Ah, mais c'est magnifique ! Magnifique ! Je vais vous faire prendre ce train-là, Igor Démentiévitch ! Il sera très bien pour vous, vous n'aurez pas besoin de changer. Non, ma petite Valia, on ne décharge rien pour nous, on peut lui laisser la voie. Qu'on le fasse passer sur une voie tout près, la 1 ou la 2, va le dire.

— Très bien, Vassili Vassiliévitch.

— Tu as tout expliqué pour les couvertures ?

— Oui, à la lettre, Vassili Vassiliévitch.

Elle sortit.

— Le seul ennui, c'est que je n'ai rien à vous offrir à manger, pas même un biscuit dans mon tiroir.

Zotov ouvrit son tiroir comme s'il n'en était pas entièrement convaincu, comme s'il y avait peut-être un biscuit après tout. Mais la ration, ce n'est pas autre chose que la ration et Vassili avait fini ce matin le pain qu'on lui avait apporté pour toute la journée.

— Vous n'avez vraiment rien mangé depuis que vous avez perdu votre train ?

— Ne vous tracassez pas, pour l'amour du Ciel, Vassili Vassiliévitch !

Tvéritinov appuya ses cinq doigts déployés en éventail contre sa vareuse souillée, aux boutons dépareillés.

— Je vous suis déjà infiniment reconnaissant.

Son regard et sa voix n'étaient plus aussi tristes.

— Vous m'avez réchauffé le cœur, aux sens propre et figuré du mot. Vous êtes un brave homme. Par ces temps difficiles, c'est une chose qu'il faut savoir apprécier. A présent, veuillez m'expliquer où je vais et ce que je dois faire ?

— Pour commencer, expliqua avec plaisir Zotov, vous irez jusqu'à Griazi. Dommage que je n'aie pas de carte. Vous voyez où c'est ?

— Pas très bien, non... Il me semble en avoir entendu parler.

— Mais c'est une gare très connue ! Si vous y arrivez

de jour, allez avec votre feuille — vous voyez, je marque que vous êtes passé ici —, allez voir le commissaire de la gare, il vous fera un papier pour le centre de ravitaillement, vous y toucherez une ration pour deux jours.

— Je vous remercie beaucoup.

— Mais si c'est de nuit, ne descendez pas, ne bougez pas de ce train ! Vous seriez resté enfoui dans vos couvertures, vous ne vous seriez pas réveillé, vous auriez abouti Dieu sait où ! Après Griazi, votre train ira à Povorino, mais même à Povorino, à moins que ce ne soit pour aller au centre de ravitaillement, ne quittez pas votre place, le train vous conduira à Artchéda. Artchéda est la destination de notre convoi n° 245-413.

Et Zotov remit sa feuille à Tvéritinov. Celui-ci, tout en la cachant dans sa poche de vareuse, toujours la même, celle qui fermait, demanda :

— Artchéda ? Je n'en ai jamais entendu parler. Où est-ce ?

— On peut dire que c'est aux environs même de Stalingrad.

— De Stalingrad, répéta Tvéritinov en hochant la tête.

Son front se couvrit de rides. Il fit un effort distrait et redemanda :

— Permettez... Stalingrad... Et comment cela s'appelait-il avant ?

Tout en Zotov se déchira, se retourna. Etait-ce possible ? Un Soviétique qui ne connaissait pas Stalingrad ! Non, cela ne pouvait être ! Impossible ! Impossible ! C'était inconcevable !

Il arriva néanmoins à se contenir. Il se recueillit. Ajusta ses lunettes. Dit d'une voix presque calme :

— Avant, cela s'appelait Tsaritsyne.

(Donc, ce n'était pas un soldat encerclé. Non. Un émissaire de l'ennemi. Un espion. Un Russe blanc, à coup sûr, ce qui expliquait ses manières.)

— Ah ! oui, oui, Tsaritsyne. La défense de Tsaritsyne.

(N'était-ce pas un officier tsariste déguisé ? Cette manière de demander la carte... Il avait un peu forcé sur l'accoutrement.)

Ce mot hostile d' « officier » disparu depuis si longtemps de la langue russe, même prononcé mentalement, frappa Zotov comme un coup de baïonnette.

(Ah ! là ! là ! Il s'était fait avoir ! Il s'était fait avoir ! Calme. Vigilance. Que faire à présent ? Que faire à présent ?)

Zotov fit un long appel téléphonique.

Il tenait le récepteur contre son oreille, dans l'espoir que le capitaine décrocherait le sien.

Mais le capitaine n'en faisait rien.

— Vassili Vassiliévitch, cela me gêne beaucoup de vous avoir dépouillé de votre tabac.

— Il n'y a pas de mal. Gardez-le, je vous prie, répliqua Zotov.

(Sacré nom ! Une vraie chiffe ! A plat ventre devant l'ennemi, ne sachant comment lui complaire !)

— Si vous le permettez, je voudrais lâcher encore un peu de fumée ici. Ou bien faut-il que je sorte ?

(Sortir ? Clair comme de l'eau de roche ! Il a compris qu'il a mis les pieds dans le plat et il veut me brûler la politesse.)

— Non, non, vous pouvez fumer ici. J'aime l'odeur du tabac.

(Que pourrais-je inventer ? Comment faire ?...)

Il fit trois appels au téléphone. On répondit :

— Le planton à l'appareil.

— Ici Zotov.

— Je vous écoute, camarade lieutenant.

— Où est Gouskov ?

— Il... il est sorti, camarade lieutenant.

— Sorti... où ça ? Qu'est-ce que ça veut dire, sorti ? Débrouille-toi pour qu'il soit à son poste dans cinq minutes.

(Il est allé voir une femme, le salaud.)

— A vos ordres.

(Que pourrais-je inventer ?)

Zotov prit une feuille de papier et, se cachant de Tvéritinov, inscrivit en gros caractères : « Valia ! Venez dans mon bureau et dites que le 794 a une heure de retard. »

Il plia le papier, s'avança jusqu'à la porte et dit en tendant le bras :

— Camarade Podchébiakina ! Prenez. C'est à propos du convoi de tout à l'heure.

— Lequel, Vassili Vassiliévitch ?

— Vous trouverez le numéro inscrit ici.

Valia, étonnée, se leva et prit le papier. Zotov regagna sa place aussitôt.

Tvéritinov enfilait déjà sa veste.

— Nous n'allons pas rater le train ? demanda-t-il avec un sourire bienveillant.

— Non, on doit nous avertir.

Zotov se mit à marcher dans son bureau sans regarder Tvéritinov. Il ramena les plis de sa vareuse sous son ceinturon dans le dos et fit passer son pistolet du dos au flanc droit. Arrangea sa casquette verte sur sa tête. Il ne trouvait absolument rien à faire ou à dire. Zotov ne savait pas mentir.

Si au moins Tvéritinov disait quelque chose, mais non, il gardait un silence discret.

De temps à autre, à l'extérieur, un jet d'eau s'échappait du tuyau, balayé, dispersé par le vent.

Le lieutenant s'arrêta auprès de sa table et, s'appuyant contre un coin, il fixa ses doigts.

(Afin que l'autre ne remarquât pas le changement, il aurait dû le regarder comme avant, mais il était incapable de s'y obliger.)

— D'ici quelques jours, ce sera fête ! dit-il et il resta aux aguets.

(Eh bien demande, demande donc *quelle* fête ? Et alors, la dernière suspicion sera levée.)

Mais l'inconnu répondit :

— Ou-oui...

Le lieutenant jeta les yeux sur lui. Il hochait longuement la tête et fumait.

— Je serais curieux de savoir si la parade aura lieu sur la place Rouge ?

(La parade ? Il n'y pensait pas, c'était simplement pour faire passer le temps.)

On frappa à la porte.

— Puis-je entrer, Vassili Vassiliévitch ?

Valia glissa la tête dans le bureau. Tvéritinov l'aperçut et tendit la main pour ramasser son sac.

— Le 794 est immobilisé entre les deux gares. Il arrivera dans une heure.

— Diable, que c'est contrariant.

(Odieux, le ton faux de sa voix le choquait.)

— Bien, camarade Podchébiakina.

Valia s'éclipsa.

Tout près dehors, sur la voie n° 1, on percevait le halètement contenu de la locomotive, le choc ralenti des roues qui freinaient, on sentait le sol frémir.

— Comment faire ? réfléchissait à voix haute Zotov. Je dois aller au centre de ravitaillement.

— Eh bien, je vais sortir de ce bureau, j'irai n'importe où, comme vous le désirez, dit Tvéritinov avec empressement, le sourire aux lèvres, et déjà, il se levait, son sac à la main.

Zotov décrocha sa capote.

— Pourquoi iriez-vous geler n'importe où ? La salle d'attente, elle est si minuscule, vous n'arriveriez même pas à y poser le pied, il y a un tas de gens couchés par terre. Vous ne voudriez pas venir avec moi au centre de ravitaillement ?

Cela semblait si peu convaincant ! Il ajouta, se sentant rougir :

— Peut-être que je pourrais... sur place... me débrouiller pour vous faire délivrer quelque chose.

Si encore Tvéritinov n'avait pas été content. Mais il s'exclama, radieux :

— Ce serait le comble de l'amabilité de votre part. Je n'aurais jamais osé vous le demander.

Zotov se détourna, examina la table, poussa la porte du coffre, éteignit la lumière :

— Allons-y.

Et, fermant la porte :

— Si on m'appelle du télégraphe, je suis de retour dans un instant, recommanda-t-il.

Tvéritinov sortit le premier avec sa veste grotesque, ses molletières relâchées en tire-bouchon.

Ils s'engagèrent dans le petit couloir froid, mal éclairé par une ampoule bleue et débouchèrent sur le quai.

Dans les ténèbres du soir, sous le ciel invisible, des flocons lourds, mouillés, pas blancs pour un sou, ni pluie ni neige, couraient à l'oblique.

Le train était arrêté juste là, sur la voie 1. Tout noir, mais un peu plus noir que le ciel, ce qui permettait de deviner ses wagons et ses toits. A gauche, où on amenait la locomotive, le cendrier crachait les flammes, la cendre, brûlante, flamboyante, se répandait sur la voie pour être rapidement balayée sur le côté. Plus loin au-dessus, un feu vert était suspendu dans les airs, rond, tout seul. A droite, en queue, des jets d'étincelles enflammées éclaboussaient les toits des wagons. Des silhouettes noires, de femmes pour la plupart, longeaient le quai en courant, attirées par ces étincelles de vie. Quelque chose d'invisible, entassé, énorme, fondait en un seul tous ces souffles oppressés. On traînait des gosses qui pleuraient, d'autres silencieux. Deux personnes haletantes bousculèrent Zotov et firent avancer un énorme coffre, on dirait bien. Derrière, quelqu'un d'autre traînait sur le quai quelque chose d'encore plus lourd et qui grinçait. (Juste maintenant que voyager était devenu infernal, tout le monde se trimbalait avec des nourrissons, des mémés, des sacs impossibles à soulever, des corbeilles grosses comme des divans et des coffres gros comme des commodes.)

N'eût été la cendre sous la locomotive, le sémaphore, les étincelles aux tuyaux de chauffage des wagons et, enfin, la flamme non camouflée d'une lanterne qui brillait loin sur les voies, nul n'eût cru que de nombreux trains se trouvaient ici, que cette gare n'était pas une forêt profonde, un immense champ noir docilement prêt à affronter l'hiver en ses lentes mutations saisonnières.

Mais parvenaient à l'ouïe le grincement des attelages, la trompette de l'aiguilleur, le halètement de deux locomotives, le martèlement et l'agitation de la foule en émoi.

— Par ici !

Zotov entraînait l'inconnu dans un passage à l'écart.

Il tenait une lanterne à verre bleu et, à plusieurs reprises, en éclairait le sol afin que Tvéritinov vît lui aussi son chemin.

— Oh ! là ! là ! J'ai bien failli me faire emporter ma casquette ! se plaignit-il.

Le lieutenant marchait sans un mot.

— C'est de la neige et ça n'en est pas, ça vous rentre dans le col, disait l'autre pour soutenir la conversation.

De col, il n'en avait même pas.

— Ici, il va y avoir de la boue, avertit le lieutenant.

Ils s'enfoncèrent dans la boue la plus collante, la plus clapotante qui fût, et il n'y avait pas moyen de se trouver meilleur chemin.

— Halte-là ! Qui vive ? lança tout près une sentinelle d'une voix de stentor.

Tvéritinov sursauta violemment.

— Lieutenant Zotov.

En ligne droite dans la boue par-dessus la cheville et plus haut par endroits, dégageant leurs pieds avec effort, ils contournèrent l'aile du centre de ravitaillement et montèrent les marches d'un petit perron par-derrière. Ils tapèrent fort des pieds et secouèrent les gouttes de leurs épaules. Le lieutenant éclaira l'entrée de sa lanterne et introduisit Tvéritinov dans une sorte de salle commune avec une table vide et deux bancs. (C'était ici que les gardes du centre de ravitaillement prenaient leurs repas et s'instruisaient.) Il y avait longtemps qu'on cherchait du fil électrique pour y mettre une ampoule, mais, jusqu'à présent, cette pièce aux murs en planches même pas blanchies n'avait que la lumière faible et inégale d'une lanterne posée sur la table. Les angles s'estompaient dans le noir.

La porte de la salle des gardes s'ouvrit. Un soldat se dressa sur le seuil, le dos dans la lumière électrique, le devant dans l'obscurité.

— Où est Gouskov ? demanda durement Zotov.

— Halte-là ! Qui vive ? hurla une voix à l'extérieur.

Il y eut un bruit de pas sur le perron, Gouskov entra et un soldat courait derrière.

— A vos ordres, camarade lieutenant.

Gouskov eut un mouvement approximatif qui ressemblait vaguement à un salut. Dans la pénombre, Zotov distingua sur le visage de Gouskov assez effronté à l'accoutumée une crispation de contrariété d'avoir été ainsi dérangé pour un motif futile par ce lieutenant auquel il n'était quasiment point subordonné.

Tout d'un coup, Zotov cria d'un ton rude :

— Sergent Gouskov ! Combien devez-vous avoir de sentinelles dans votre garde ?

Gouskov ne prit pas peur, il s'étonna (jamais Zotov ne riait). Il répondit doucement :

— Il en faudrait deux, mais vous savez bien que...

— Je-ne-sais-rien ! Faites appliquer immédiatement votre règlement !

La lèvre de Gouskov se crispa à nouveau :

— Soldat Bobnev ! Prenez vos armes, à votre poste de garde.

Le soldat qui suivait Gouskov passa derrière ses supérieurs, martelant lourdement le sol, et gagna la salle voisine.

— Vous, sergent, vous m'accompagnerez chez le commissaire.

Mais déjà Gouskov avait flairé qu'il se passait quelque chose.

Le soldat revint, muni d'un fusil baïonnette au canon, passa d'un pas cadencé devant les trois hommes et se mit en faction devant la porte de l'entrée.

(Ce fut à ce moment-là que Zotov fut envahi par la timidité ! Les mots qu'il aurait dû dire ne lui venaient pas.)

— Vous... Je... dit-il d'un ton très doux, et il leva à grand-peine les yeux sur Tvéritinov... Il faut que j'aille voir quelque chose ailleurs, un moment...

Il appuyait plus que jamais sur ses « o ».

— Restez assis ici, je vous prie. Un moment. Attendez.

La tête de Tvéritinov avec sa large casquette et l'ombre inquiétante qu'elle projetait sur le mur et le plafond avait un aspect fantastique. Son écharpe trempée lui semblait un nœud coulant serré autour de son cou.

— Vous me laissez ici ! Mais voyons, Vassili Vassiliévitch, mais c'est que je vais rater mon train ! Permettez-moi donc d'aller sur le quai.

— Non-non... Vous devez rester ici... ordonna Zotov en courant vers la porte.

Tvéritinov venait de comprendre.

— Vous *m'arrêtez* ! s'écria-t-il. Camarade lieutenant, mais pour quel motif ? Laissez-moi rattraper mon convoi !

Et, comme tout à l'heure en geste de remerciement, il posa sur sa poitrine ses cinq doigts déployés en éventail. Il fit deux pas rapides sur les talons du lieutenant, mais le fonctionnaire dégourdi lui barra la route de sa baïonnette.

Malgré lui Zotov dut se retourner, et alors pour la dernière fois — la dernière fois de sa vie —, il aperçut à la lueur blafarde de la lanterne ce visage, le visage décomposé du roi Lear dans son caveau.

— Que faites-vous ? Que faites-vous ?

La voix de Tvéritinov tintait comme un carillon.

— Ce que vous faites est *irréparable* !

Il leva au ciel ses bras qui sortaient de ses manches, dont l'un tenait toujours le sac, il s'enfla au point d'atteindre les dimensions de son ombre noire ailée et déjà le plafond lui pressait la tête.

— Ne vous inquiétez pas, ne vous inquiétez pas, le sermonnait Zotov, et son pied tâtait le seuil. Il va simplement falloir *tirer au clair une petite question.*

Et il partit.

Gouskov aussi.

En traversant le bureau du dispatcher militaire :

— Faites attendre encore un peu ce convoi, dit le lieutenant.

Arrivé dans son bureau, il s'assit à sa table de travail et écrivit :

« Service de Sécurité du ministère de l'Intérieur.

« Je vous adresse le dénommé Tvéritinov Igor Démentiévitch que je viens d'arrêter, qui prétend avoir été encerclé, et avoir perdu son convoi n° 245-413 à Skopina. Au cours de notre conversation... »

— Prépare-toi ! dit-il à Gouskov. Tu prendras un de tes hommes et tu le conduiras au centre ferroviaire.

***

Quelques jours s'écoulèrent, les fêtes étaient passées.

Mais l'image de cet homme qui avait ce surprenant sourire et la photo de sa fille en robe à rayures ne cessaient de poursuivre Zotov.

Tout avait été fait, semblait-il, comme il faut.

Comme il faut et pourtant, ce n'était pas cela...

Il voulut avoir la certitude qu'il s'agissait bien d'un espion déguisé ou alors qu'on lui avait depuis longtemps rendu la liberté. Il téléphona au centre, au service de sécurité.

— Je vous ai envoyé le 1er novembre un certain

Tvéritinov. Auriez-vous l'obligeance de me dire ce qu'on a trouvé à son sujet ?

— On examine son cas !

Le ton était dur.

— Ecoutez un peu, Zotov. Il y a des choses pas très claires dans les constats des marchandises brûlées à 80 pour 100. C'est une affaire extrêmement importante, certains pourraient se remplir les poches avec.

***

Zotov passa tout l'hiver à cette même gare au même poste de commissaire adjoint. Il avait eu envie bien des fois de téléphoner pour demander des renseignements, mais cela eût pu sembler suspect.

Un jour, un inspecteur de police du centre ferroviaire vint à Krétchétovka en service commandé. Zotov lui demanda comme par hasard :

— Vous rappelez-vous un certain Tvéritinov ? C'est moi qui l'avais arrêté cet automne.

— Pourquoi cette question ?

La mine de l'inspecteur s'assombrissait notablement.

— Eh bien, comme ça, simplement... ça m'intéresse... et comment cela s'est-il terminé ?

— Le cas de votre Tvérikine sera lui aussi tiré au clair. La maison ne fait pas de loupés.

***

Mais ensuite, de toute sa vie, jamais Zotov ne put oublier cet homme-là...

POUR LE BIEN DE LA CAUSE

CHAPITRE PREMIER

— MA petite Faïna, à qui peut-on demander l'emploi du temps des cours d'électricité ?

— Pour quoi faire ? Vous êtes professeur de radio !

— Faïna Valérianovna, le seuil auditif se situe à deux bonnes dizaines de décibels en dessous. Voici un nouveau camarade, c'est pour lui.

— Toutes mes excuses. Vous êtes dans quelle matière ?

— Le matériel électrique pour courant de force. Et la théorie de la transmission électrique.

— Quel vacarme, on ne s'entend plus ! Dire que nous sommes des professeurs ! L'emploi du temps, on l'a pris là-bas dans le coin, allez le regarder.

— Suzanna Samoïlovna ! Bonjour !

— Lidia Guéorguievna ? Ma chère Lidia ! Quelle mine superbe ! Où avez-vous passé l'été ?

— Vous le demandez ? Tout le mois de juillet sur le chantier !

— Sur le chantier ? Mais votre congé, vous l'avez eu, oui ou non ?

— Disons que non. Trois semaines au lieu de huit. Et malgré tout, je ne regrette rien. Vous, je vous trouve plutôt pâlichonne.

— Grigori Lavrentiévitch ! Qu'est-ce qu'il y a pour

les cours d'électricité ? Un emploi du temps pour deux jours ?

— C'est pareil pour toutes les sections, seulement jusqu'au 2 septembre, c'est provisoire. Camarades, qui est-ce que je vois partir ? Camarades ! Ecoutez ! Silence ! Je répète : Fédor Mikhéévitch a demandé que personne ne s'en aille.

— Mais où est-il ?

— Dans le nouveau bâtiment. Il va rentrer à l'instant, nous allons voir comment faire le déménagement.

— Mais voyons, il faut s'y mettre tout de suite ! Les étudiants des autres villes sont en train d'arriver. Faudra-t-il les envoyer louer des chambres en ville ? Est-ce qu'ils auront leur foyer ?

— Est-ce qu'on sait ? On a laissé traîner les choses. Pourquoi diable ne peut-on jamais arriver à faire quelque chose à temps !

— Moi, Maria Diomidovna, dans le nouveau bâtiment j'aurai deux salles pour mon matériel ! Ça me suffit ! Les bases théoriques de l'électronique d'un côté, les mesures électriques de l'autre.

— Moi aussi : les instruments électronique et ioniques d'un côté, il n'y a plus que les isolants qui restent avec l'étude de la lumière.

— C'est pour vous que ça me fait le plus plaisir ; ce que vous avez, ce n'est pas un laboratoire, c'est une remise de verres à moitié cassés.

— Avec ces caisses dans le couloir, dans la cave, c'est un vrai cauchemar ! Maintenant nous avons installé les rayonnages : les ignitrons le leur, les tiratrons le leur, les lampes génératrices...

— Mais arrêtez donc de fumer, Vitali ! Quand on veut fumer on demande la permission aux dames.

— Je voudrais vous présenter notre nouveau collègue, Anatoli Guermanovitch, ingénieur. Suzanna Samoïlovna, chaire de mathématiques.

— Vous, avec vos plaisanteries de mauvais goût, que je vous y reprenne ! Une chaire, moi ?

— Bon, très bien, présidente de la commission des matières au programme. Quelle différence avec titulaire de chaire ? Sauf que vous n'avez pas un traitement en conséquence... Venez que je vous présente aussi Lidia Guéorguievna, une personne très représentative de notre collège technique.

— N'en croyez rien. Au contraire, la moins représentative qui soit. Tenez, vous, par exemple, vous serez beaucoup plus représentatif que moi, dès le premier jour.

— C'est mon physique qui vous fait dire ça ? Sûrement à cause de mes lunettes ?

— Non, c'est parce que vous êtes ingénieur, et, évidemment, dans une discipline bien déterminée. Moi, je ne suis pas difficile à remplacer ; ici, je suis « l'homme en trop ».

— Vous enseignez quoi ?

— Le russe. Langue et littérature.

— En voyant le sourire de Lidia Guéorguievna, vous devinez bien qu'elle ne se considère pas comme de trop ici. Commençons par dire qu'elle est la dirigeante des jeunes.

— Tiens, tiens... Et ce sont eux qui vous ont élue ?

— Non, j'ai été désignée par le parti. Déléguée du Bureau au comité du Komsomol.

— Allons, ma petite Lidia, pas de fausse modestie, ce sont les komsomols qui vous ont réclamée. Pour la quatrième année de suite.

— Je dois ajouter qu'à mon avis personnel, si le bâtiment a été construit, la moitié du mérite en revient à Lidia Guéorguievna...

— Mais c'est que vous vous moquez de moi à présent ?

— Je n'arrive pas à comprendre qui a bâti votre nouveau collège. Ce n'est pas le trust ? C'est donc vous ?

— Lui et nous, toute une histoire.

— Eh bien, racontez-la, Lidia Guéorguievna. De toute manière nous sommes bons pour attendre.

— Très bien, voilà ce qu'on nous a dit : cette année, le trust n'a pas assez de crédits pour faire la totalité des travaux. Il va lui falloir encore deux ans. Est-ce que nous pouvons vous aider, nous ? Oui, vous le pouvez ! Et vous aurez vos locaux pour le 1er septembre. Alors nous avons saisi l'occasion par les cheveux. Nous avons organisé une assemblée générale du Komsomol…

— Où est-ce qu'on peut y arriver, ici ?

— On sonorise les couloirs et l'escalier, il y a des haut-parleurs dans les classes, évidemment, ce genre de salle… Donc, nous avons fait une réunion. On s'y met ? D'accord ! Nous avons formé des équipes. Au début, nous avions adjoint un professeur à chacune d'elles, mais les élèves nous on dit : pas la peine, on se débrouille tout seuls. Je dois reconnaître que nous avions très peur pour les plus jeunes, ceux qui venaient de l'école primaire, des gosses de quatorze, quinze ans, ils seraient capables d'aller se fourrer sous une grue ou de faire une chute. En fin de compte on les a mis sous la surveillance d'adultes, les grands, eux, n'en ont pas voulu.

— Est-ce qu'il n'y a pas eu d'agitation inutile ?

— Nous avons fait notre possible pour l'éviter. Le chef de chantier remettait au Bureau du Parti le plan hebdomadaire fixant le nombre d'aides de telle ou telle corporation, nous avons constitué une sorte d'état-major qui désignait les équipes, elles allaient au travail même les jours de semaine, les uns avant, les autres après les cours, notre collège fonctionne en deux groupes, matin et après-midi. Les dimanches nous abattions une belle besogne. Nous avons décidé que chacun devrait donner deux semaines de ses vacances d'été. Ceux qui n'étaient pas de la ville cherchaient évidemment à les faire en début ou en fin de vacances, mais ceux qui avaient leur tour au milieu étaient forcés de couper leurs vacances.

— Mais c'est tout simplement extraordinaire !

— Attendez, ce n'est pas tout. Ce qui est extraordinaire c'est que nous n'avons eu à infliger de blâme à aucun élève. On aurait dit qu'on nous les avait changés. D'ailleurs nous n'étions pas les seuls à être étonnés, même les constructeurs l'étaient. Ils venaient nous dire : parole d'honneur, nous travaillons moins bien qu'eux.

— C'est stupéfiant.

— Vous n'êtes pas convaincu ? Demandez à qui vous voudrez.

— N-non, ce n'est pas que je ne sois pas convaincu... Il faut penser que l'enthousiasme est un état naturel à l'homme et l'un de ses meilleurs états. Mais ce mot, nous l'avons, comment dirais-je ?... employé à tort et à travers, nous l'avons galvaudé. Nous en sommes par trop prodigues, tenez, rien qu'à la radio ; à l'usine, ce que j'entends d'ordinaire, c'est « combien je toucherai pour ça ? Le tarif, c'est combien ? Faites-moi une fiche ». Cela n'étonne personne : intéressement matériel, parfaitement normal.

— Et puis, tenez ! Vous savez ce que nous avons encore fait ! Nous avons décalqué le plan du nouveau bâtiment, fabriqué une maquette et nous l'avons portée en tête de notre groupe aux manifestations, notre symbole.

— Lidia Guéorguievna a commencé par l'aspect sentimental de la chose, mais pour comprendre, il aurait fallu commencer par l'aspect pratique. Notre collège technique existe depuis sept ans, et, dès l'instant où nous avons eu ce bâtiment-ci, de l'autre côté de la voie ferrée (en ce temps-là hors de la ville), nous sommes restés enlisés ici. Ensuite, on nous a construit une annexe en rez-de-chaussée pour les ateliers, on nous a donné en supplément un petit local à cinq cents mètres d'ici ; mais, malgré tout, ça n'allait pas. Mikhéévitch a obtenu alors un terrain à bâtir en ville. Il y avait de petites cabanes dessus, il fallait les démolir...

— Et, évidemment, ç'a été fait en un clin d'œil ?

— Les excavateurs ont creusé le chantier et les fondations de deux immeubles ont été posées côte à côte, les unes pour le collège, les autres pour le foyer. On a commencé le rez-de-chaussée et c'est alors que tout est resté en rade. Trois ans d'affilée, pas de crédits, toujours pas de crédits. Une fois, on nous avait oubliés sur la liste, une autre fois, les ministères ont été décentralisés puis réunis de nouveau, on nous refilait de main en main et, pendant ce temps-là, il y avait les chutes de neige, la fonte des neiges, les pluies et tout restait sur place. Récemment, on a fondé les sovnarkhozes (1), nous avons été pris en charge par le sovnarkhoze, il nous a débloqué des fonds au 1er juillet de l'année dernière et, à ce moment...

— Ecoutez, Doussia, allez ouvrir la fenêtre, avec tous ces hommes qui fument on ne peut plus respirer !

— On ne va tout de même pas sortir à chaque cigarette ?

— La salle des professeurs n'est pas faite pour ça.

— Quels travaux avez-vous effectués ?

— Oh ! là ! là ! Une foule. Creuser les tranchées des canalisations, depuis la chaudière...

— D'une manière générale, toutes les tranchées ! Pour les câbles électriques, pour... C'est nous-mêmes qui avons posé tout ça !

— Ensuite, nous avons déchargé les briques, empilé dans la cage des grues de levage. Nous avons remonté la terre des caves.

— Et descendu les déblais à tous les étages, avec des bards. Apporté les radiateurs dans toutes les pièces. Les canalisations ! Les parquets ! Nous avons tout nettoyé, tout récuré !

(1) Conseils pour l'économie nationale, organismes chargés de coordonner et de gérer l'activité économique régionale. (N.d.T.)

— Bref, l'entrepreneur n'a eu à envoyer que des spécialistes, pas de manœuvres.

— Et puis, les spécialistes apprenaient le métier à leurs aides. Nous avons constitué deux équipes, les apprentis plâtriers et les apprentis peintres. Il faut voir comment ils se débrouillaient ! Un vrai plaisir de les regarder faire !

— Excusez-moi, ça vient de la rue ? Où est-ce ?

Non, nous ne voulons pas languir
A la lueur du bran-don ou de la chan-delle
Nous allons produire, produire
Des diodes,
Des triodes,
Des tétrodes,
Des pentodes !
Et beaucoup de lampes U.H.F.

— Ce sont vos étudiants ? Qu'est-ce qu'ils chantent ?

— Pas besoin de se mettre à la fenêtre pour dire que c'est la troisième année du cours de vacuum.

— Les bougres, ils chantent drôlement bien ! Il n'y a pas moyen de les regarder ! On peut les voir par la fenêtre ?

— Allons-y... Dites, Marianna Casimirovna, est-ce que je puis tourner un tout petit peu votre chaise ?

— Mais qu'est-ce que vous dites là ? En ce moment, c'est la robe tonneau qui est à la mode, vous n'en avez pas encore vu ? La taille fine, le dessous de la taille évasé, avec un drapé à petites pinces et le bas très étroit qui s'arrête à mi-mollet...

— Moi, un peu plus loin, après la rivière aux Moines, je connais un de ces petits lacs ! Si vous aviez vu les carassins que j'y ai pêchés !

— Lidia, où allez-vous ? Il y a des personnes assises.

— Venez ici, Anatoli Guermanovitch. Tenez, penchez-vous. Vous voyez ce groupe, garçons et filles ?

Dans les fusées, les avions,
Et dans toutes les maisons
Les lampes de radio s'allument
Sur Terre comme sur la Lune.
O Electronique, rayon étincelant,
Tu nous dévoiles les nouveaux talents.

— Quelle ardeur ! Ils sont vraiment gonflés à bloc.

— C'est leur grande fierté, l'*Hymne des électroniciens,* voilà pourquoi ils le chantent de cette manière. C'est grâce à cette ardeur qu'ils ont arraché le second prix au concours organisé par la ville. Remarquez, d'ailleurs, que seules les filles chantent, les garçons sont complètement aphones, au concours, ils étaient là simplement pour garnir la scène, mais au refrain, par contre, ils braillent à tue-tête : « Lam-pes, Ta-lents ! »

— Si je les observe avec une certaine timidité, c'est que je suis habitué à avoir affaire à des adultes. Une fois, j'ai été à l'école de mon fils faire une conférence sur « les victoires de la science et de la technique » ; eh bien, j'ai cru mourir de honte devant mon garçon, les gosses ne m'écoutaient pas, ils faisaient tout ce qui leur passait par la tête. Le censeur avait beau frapper sur la table, ils ne l'écoutaient pas non plus. Ensuite, mon fils m'a expliqué que le vestiaire était bouclé et qu'on ne laissait sortir personne. Ça arrive souvent, m'a-t-il dit, quand il vient une délégation ou qu'il y a des activités culturelles. Alors, les élèves bavardent pour se venger.

— Impossible de comparer un collège technique avec une simple école ; ici, l'atmosphère est différente. Ici, pas de ces cancres béats qui attendent patiemment que les années passent. Ici, le directeur a d'autres prérogatives : les bourses, le foyer… Du foyer, parlons-en, cela fait sept ans que nous nous en passons, nos élèves prennent pension chez des particuliers.

— C'est le collège qui paie ?

— Il alloue trente roubles par étudiant, d'après le barème c'est considéré comme suffisant. Mais la location d'un simple lit de camp revient à cent roubles par mois. Si bien que certains élèves se mettent à deux pour louer un lit de camp. Plusieurs années de suite. Ils finissent par en avoir assez, c'est évident. Vous aviez l'air de douter de la nature de notre enthousiasme ; il n'y a pas de doutes à avoir : nous en avons assez de vivre dans de mauvaises conditions, nous voulons avoir une vie normale ! N'est-ce pas ainsi que sont nés les samedis communistes (1) ?

— Très juste.

— Pour nous, c'est pareil. Tenez, penchez-vous à la fenêtre.

Beaucoup de lampes U.H.F.

— Cela fait combien à votre avis jusqu'au passage à niveau ?

— Dans les six cents mètres.

— C'est qu'il faut les faire à pied, ces six cents mètres. Et, pour beaucoup, deux fois aller et retour. Nous sommes en été, il n'a pas plu trois jours, n'empêche qu'on est obligé de sauter les flaques d'eau. Pas moyen de s'habiller comme il faut, on ne quitte pas ses bottes, il y a longtemps que c'est sec en ville et nous, nous y arrivons tout crottés.

Lam-pes !

— Alors, nous avons fait une réunion et ça a discuté : jusqu'à quand va durer ce supplice ? Ce n'est pas des salles de cours que nous avons, mais des placards. Il n'y a pas moyen d'organiser de soirée autrement qu'en louant une salle. Et les soirées, c'est ce qui leur manque le plus ici.

(1) En 1919, répondant à l'appel de Lénine, les ouvriers russes s'offrirent de travailler gratuitement, leurs journées de repos, pour sauver le pays du désastre économique. (N.d.T.)

Ta-lents !

— Lidia Guéorguievna ! Dites, Lidia Guéorguievna !

— Oui.

— Il y a des élèves qui vous réclament. Vous pouvez vous dégager ?

— Bon, bon ! J'arrive ! Pardon…

— Ça, c'était un fameux but ! Dos aux filets, en cloche, par-dessus la tête, de l'extrémité de la surface de réparation et juste sous la barre transversale !

— Votre chapeau ? Non, voyons, il ne va plus ! Démodé ! Maintenant, on ne porte que des chapeaux genre pot de fleurs renversé.

— Marianna Casimirovna, excusez-moi de vous déranger…

— Je voudrais prendre une partie du sous-sol pour installer un tir, je l'ai promis aux élèves…

— Je ne m'en vais pas, Grigori Lavrentiévitch, je suis dans l'escalier…

CHAPITRE II

— VOYONS, qui est-ce qui m'a demandée ? Bonjour les enfants, bonjour, bonjour, tous ceux que je n'ai pas encore vus, bonjour !

— Bravo, c'est gagné, Lidia Guéorguievna.

— ... Lidia Guéorguievna !

— ... Guéorguievna !

— Bravo, vous aussi, les garçons ! Et vous aussi, les filles ! Tout le monde en a sa part !

Lidia Guéorguievna leva haut la main au-dessus de sa tête pour que tous la voient bien et agita les doigts.

— Vous l'avez largement mérité ! Bravo et vive la nouvelle année scolaire ! Dans notre nouveau collège !

— Hourra-a-a !

— Qui est-ce qui se donne tout ce mal pour se cacher ? C'est toi, Lina ? Tu as coupé ta natte ? Une si belle natte ?

— Mais ça ne se porte plus à présent, Lidia Guéorguievna !

— Aïe ! aïe ! aïe ! cette mode, ce qu'elle fait de vous, mes pauvres petites !

Vêtue d'un ensemble bleu-vert, le col de la blouse noire rabattu, la taille élancée, le corps bien fait, le visage ouvert, Lidia Guéorguievna se tenait sur le palier, devant la porte de la salle des professeurs et embrassait du regard ses élèves qui affluaient de trois côtés : du couloir exigu à droite, du couloir exigu à gauche et de l'escalier étroit en bas. Cet endroit était d'ordinaire obscur, mais en cette belle journée ensoleillée, il faisait assez clair pour distinguer toutes les couleurs ; et tous les tons, toutes les nuances semblaient représentés sur les fichus, carrés, corsages, robes et chemises écossaises, les blancs, jaunes, roses, rouges, bleu ciel, verts et marron, en taches, ramages, rayures, carreaux et panneaux unis.

Les jeunes filles évitaient de toucher les jeunes gens, mais les amies entre elles et les amis entre eux se tenaient serrés l'un contre l'autre, enlacés l'un à l'autre, les mentons imbriqués entre les épaules des camarades de devant, se hissant sur eux pour mieux voir et cela formait un ensemble éclatant, joyeux, bruyant, qui semblait attendre quelque chose de Lidia Guéorguievna.

Elle les parcourut du regard et nota les progrès accomplis par les nouvelles coiffures féminines : par-ci, par-là, elle entrevoyait encore à la vérité de petites tresses naïves aux rubans de couleur, des petites raies bien sages et des mèches moins sages, ou simplement des boucles sur le côté, mais comme déjà elles s'étaient multipliées, ces petites meules d'apparence négligée, semées à la va-comme-je-te-pousse, plus ou moins ébouriffées, mais en réalité minutieusement apprêtées, meules de lin, d'orge, de blé, de seigle, ou noir de jais. Quant aux garçons, jambes d'échassier ou courts sur pattes, maigres ou bien en chair, tous portaient ces chemises multicolores, tous, à l'unisson, le col entrebâillé, ceux qui exhibaient déjà un toupet séducteur, comme ceux dont les cheveux étaient soigneusement peignés en arrière ou hérissés en brosse.

Il n'y avait pas de petits parmi eux (presque des gosses ceux-là), les élèves des grandes classes qui se pressaient là en étaient encore à l'âge malléable et docile où il est si facile d'orienter sur la voie du beau et du bien. Cela éclatait en ce moment.

Sitôt sortie de la salle des professeurs, Lidia Guéorguievna, en apercevant tout cela d'un coup et se plongeant dans ces regards, dans ces sourires confiants, fut saisie par l'émotion, car la récompense suprême du maître est de se voir ainsi attendu, entouré.

Eux auraient été incapables d'exprimer ce qu'ils lui trouvaient. Simplement par une vertu propre à la jeunesse, ils aimaient tout ce qui était sincère et chacun lisait aisément sur le visage du professeur que ses paroles étaient le miroir fidèle de sa pensée. Ils avaient surtout appris à la connaître et à l'aimer ces derniers mois, sur le chantier, où elle ne venait pas dans une mise coquette mais toujours vêtue de sombre, un fichu sur les cheveux, où elle n'osait pas « faire l'inspecteur des travaux finis » comme dit le bon peuple : elle avait honte d'envoyer les autres là où elle ne serait pas allée elle-même. En compagnie des jeunes filles, elle balayait, nettoyait, distribuait les matériaux.

Bien qu'elle eût près de la trentaine, qu'elle fût mariée et mère d'une petite fille de deux ans, tous les étudiants l'appelaient, à condition qu'elle ne l'entendît pas, par son diminutif, *Lidotchka;* les garçons étaient tout fiers de partir au pas de course effectuer la mission dont elle les avait chargés d'un geste léger mais impérieux de la main et, parfois — ce qui était la marque d'une confiance ou d'un espoir tout particulier —, d'une pression des bouts de doigts sur l'épaule.

— Alors, Lidia Guéorguievna, le déménagement, c'est pour quand ?

— Pour quand ?

— Nous avons attendu plus longtemps que cela, les enfants. Attendons encore vingt minutes. Fédor Mikhéévitch va rentrer d'un instant à l'autre.

— Et pourquoi n'avons-nous pas encore déménagé ?

— C'est que... il reste encore les finitions...

— Toujou-ours les finitions !

— On les fera nous-mêmes, qu'ils nous laissent y aller !

Le jeune homme mince du comité du Komsomol, en chemise à carreaux marron et rouges, qui avait fait appeler Lidia Guéorguievna de la salle des professeurs, demanda :

— Lidia Guéorguievna ! Il faut réfléchir à la manière dont nous allons déménager. A ce que chacun devra faire.

— J'ai une idée, mes enfants...

— Silence, vous autres, les pingouins !

— Voici mon idée : nous aurons deux ou trois camions, bien entendu, ils prendront les machines-outils et ce qu'il y a de plus lourd. Quant au reste, mes petits amis, nous pouvons très bien le transporter comme des fourmis. Combien cela fait-il ? Quelle distance ?

— Quinze cents mètres.

— Quatorze cents, je l'ai mesuré !

— Et comment ça ?

— Au compteur de mon vélo.

— Eh bien, est-ce que nous allons attendre les camions toute une semaine ? Est-ce qu'à neuf cents, nous n'en viendrons pas à bout en une journée ?

— Nous-en-viendrons-à-bout !

— Nous-en-vi-endrons-à-à-bout !

— Commençons le plus tôt possible et nous aménagerons le foyer ici.

— Dépêchons-nous avant la pluie !

— Dis-moi, Igor...

D'un geste impérieux, Lidia Guéorguievna appuya ses doigts réunis sur la poitrine du jeune homme en chemise marron et rouge (elle avait tout à fait le geste du général qui sort une médaille de sa poche et l'agrafe avec assurance sur la poitrine d'un soldat).

— Quels sont les membres du comité présents ?

— Presque tout le monde, il y en a aussi quelques-uns dehors.

— Parfait ! Vous allez vous réunir à l'instant. Dresser la liste des groupes, mais attention ! que ce soit lisible. Indiquez pour chacun le nombre de personnes et mettez ceux qui vont se charger de déménager tel ou tel laboratoire, tel ou tel cabinet, les plus lourds, les moins lourds. Autant que possible, gardez les élèves avec les professeurs principaux, mais veillez à ce que la tâche assignée à chacun corresponde à son âge. Et aussitôt, nous irons trouver Fédor Mikhéévitch, ce projet en main, nous le ferons approuver et, à ce moment-là, chacun des groupes se mettra à la disposition de son professeur.

— Bien, répondit Igor en se redressant. C'est notre dernière assemblée dans le couloir, là-bas nous aurons une salle. Hoé, le Comité ! Guenka Rita ! Où est-ce qu'on se réunit ?

— Nous autres, allons dehors ! appela Lidia Guéorguievna d'une voix cristalline. Comme cela, nous verrons plus tôt Fédor Mikhéévitch.

Ils descendirent en foule les marches et sortirent, dégageant l'escalier.

Il y avait encore deux bonnes centaines d'élèves devant le collège, dans le terrain vague où des arbrisseaux avaient laborieusement pris racine. Les élèves de troisième année du cours de vacuum étaient toujours serrés en un groupe compact, les filles enlacées, les yeux dans les yeux, et n'abandonnaient pas :

Beaucoup de lampes U.H.F. !

Les petits jouaient à chat, ceux qui rattrapaient leur camarade leur collaient avec entrain une « frite » entre les omoplates.

— Pourquoi tu leur tapes sur le dos ? s'écria pleine d'indignation une petite bien dodue.

— Pas sur le dos, sur l'épine dorsale, rectifia d'un air important un gamin à la casquette aplatie, une vessie de ballon de volley coincée dans la ceinture.

Mais, voyant le doigt de Lidia Guéorguievna le menacer, il pouffa de rire et s'enfuit.

Les benjamins, c'est-à-dire les nouveaux, venus de l'école de sept ans, se serraient par grappes, vêtus de propre, intimidés, promenant de tous côtés un regard curieux.

Quelques garçons étaient venus avec leur vélo et prenaient les filles sur le cadre pour leur faire faire un tour.

Le ciel était traversé de nuages blancs duveteux, comme battus en neige. Parfois, ils venaient masquer le soleil.

— Mon Dieu, pourvu qu'il ne pleuve pas ! soupiraient les filles.

Trois élèves de quatrième année de la section de radiotechnique, deux jeunes filles, un garçon en corsage ou chemise flottant sur la jupe ou le pantalon, formaient un groupe à part. Les corsages étaient à rayures toutes simples, mais la chemise, d'un jaune criard, était entièrement recouverte de dessins excentriques : palmiers, vaisseaux, catamarans. Lidia Guéorguievna nota la différence et une constatation qui l'étonnait depuis longtemps lui revint à l'esprit : avant, ses frères aînés et, ensuite, les garçons de son âge s'habillaient de manière très simple, uniforme ; toutes les couleurs, parures et fantaisies, appartenaient comme il se devait aux jeunes filles. Mais voici que depuis une certaine année, une compétition contre nature s'était engagée : les garçons mettaient davantage de soin dans leur toilette, portaient des vêtements aux tons plus vifs que les jeunes filles, des chaussettes aux couleurs effarantes, comme si ce n'étaient pas eux qui devaient faire la cour à leurs compagnes, mais le contraire ; de plus en plus souvent, ils ne prenaient pas le bras des filles, c'étaient elles qui leur prenaient le bras. Ces manières inquiétaient confusément Lidia Guéorguievna, elle craignait pour les garçons que quelque chose d'important ne fût ainsi détruit au fond d'eux-mêmes.

— Eh bien, Valéri, demanda-t-elle au garçon à la

chemise jaune aux catamarans. Tu te sens devenu plus intelligent depuis cet été ?

Valéri eut un sourire condescendant :

— Moi, qu'est-ce que vous croyez, Lidia Guéorguievna, je manque de moyens, je suis devenu plus bête, bien sûr.

— Et cela ne te préoccupe pas ? C'est que tes camarades filles n'auront plus de... d'estime pour toi.

— Que si-i !

A voir la mine des deux jeunes filles, il était évident que son assurance n'était pas dénuée de fondement.

— Et qu'est-ce que tu as lu pendant tes vacances ?

— Presque rien, quoi, Lidia Guéorguievna, répondit Valéri sur le même ton. Il ne semblait guère avoir envie de prolonger la conversation.

— Mais pourquoi ? demanda Lidia Guéorguievna avec contrariété. Je me demande bien pourquoi tu as suivi mes cours.

— Faut croire que c'était le programme, déclara Valéri.

— Si on se met à lire des bouquins, il n'y a plus ni cinéma ni télévision !... Où est-ce qu'on trouverait le temps pour tout ? lancèrent les deux jeunes filles d'une même voix. La télé, ça n'a pas de jour de relâche.

D'autres élèves de la classe approchaient.

Lidia Guéorguievna fit la grimace. Son front était entièrement dégagé de ses épais cheveux blonds rejetés en arrière et on pouvait y lire toute sa peine et tout son embarras.

— Evidemment, mes petits, ce n'est pas dans notre établissement où vous étudiez les téléviseurs que je dois vous faire de la propagande contre la télévision. Regardez-la autant que vous voulez, mais avec... des jours de relâche. Malgré tout... ne mettez pas tout sur le même plan. Une émission de télévision, c'est comme une éphémère, ça ne vit qu'un jour...

— Oui, mais par contre, c'est intéressant, c'est vivant ! insistaient les élèves. De la danse...

— Et des sauts à ski !...

— Et des courses de motos !...

— Et le livre, il vit, lui ? Il vit des siècles ! s'exclama Lidia Guéorguievna d'un ton sévère, mais sans se départir de son sourire.

— Le livre ? C'est pareil, ça ne vit qu'un jour ! répliqua un garçon à la mine très grave, le dos rond, presque bossu.

— Où as-tu été chercher cela ? s'indigna Lidia Guéorguievna.

— Eh bien, vous n'avez qu'à aller faire un tour dans une librairie, dit le garçon au dos rond. Qu'est-ce qu'il y en a de ces romans qui jaunissent en vitrine, tous les rayons en sont bourrés. Revenez l'année suivante et vous les reverrez à la même place. Il y a une librairie dans la cour de ma maison, je sais comment ça se passe, moi : on les remballe et on les remporte. Le chauffeur dit qu'ils vont aux vieux papiers. Alors, à quoi bon les imprimer ?

L'avant-dernière année scolaire, ces élèves sortaient de seconde année et jamais, au grand jamais, ils n'avaient parlé ainsi ! A ce moment-là, ils donnaient consciencieusement les réponses voulues et n'avaient que de bonnes notes.

Ainsi, une discussion s'engageait qui n'aurait pas dû avoir lieu ici, debout à l'entrée, au milieu du tohu-bohu général. Mais elle ne voulait pas abandonner, non, elle n'en avait pas le droit.

— Oui, mais il faut encore voir *quels* sont les livres qu'on remporte !

— Mais c'est que j'ai regardé, même que je vais vous le dire, insistait le garçon au dos rond et une ride intelligente lui barrait le front en oblique.

Mais les autres disaient ce qu'ils avaient à dire et finirent par lui couper la parole. Anikine, un des premiers dans toutes les matières, un petit gars solide, un appareil photo en bandoulière, fendit la foule et dit (on l'écoutait toujours, lui) :

— Nous allons parler franchement, vous voulez, Lidia Guéorguievna ? Avant de nous quitter, vous nous avez donné une liste à n'en plus finir de livres à lire. N'importe lequel va chercher dans les cinq cents pages, pas moins. Combien de temps faut-il de temps pour le lire ? Deux mois ? Encore, il y a des fois où c'est une épopée, une trilogie, avec la suite au prochain numéro. Pour qui est-ce qu'on les publie ces bouquins, dites voir ?

— Certains ont même été très bien accueillis par la presse...

— Pour les critiques, pardi ! répondirent plusieurs voix.

— Pour gagner de l'argent !

— C'est probablement ça ! acquiesça Anikine. Parce qu'un technicien, et dans notre pays ils sont en majorité, un technicien doit trouver le temps de lire des ouvrages de sa spécialité et aussi des revues, sinon il deviendra une cloche et se fera fiche à la porte de l'usine et il ne l'aura pas volé.

— C'est vrai ! s'écrièrent les garçons. Et les magazines sportifs, quand est-ce qu'on les lira ?

— Et *l'Ecran soviétique ?*

— Lidia Guéorguievna, reprit Anikine complètement déchaîné, écrire de longs romans à notre époque, j'estime que de la part des écrivains, c'est tout simplement malhonnête ! Pourquoi est-ce que *nous,* dans nos schémas, nous devons toujours chercher les solutions les plus économiques ? Quand un étudiant soutient son projet de diplôme — j'y ai assisté l'année dernière —, eh bien, on l'interrompt à chaque instant : vous ne pouvez pas être plus concis ? plus simple ? meilleur marché ? Et qu'est-ce qu'on écrit dans la *Litératournaia Gazeta* ? Personnages schématiques, composition floue, mais en revanche quelles idées élevées ! Ça reviendrait tout juste à nous dire : le courant, il ne va pas circuler, l'installation, elle ne va pas fonctionner, mais en revanche, comme vous avez bien choisi les condensateurs ! Pourquoi est-ce qu'on ne dit pas : ce roman-là, il aurait dû être dix fois plus court ! Et celui-là, il ne vaut même pas la peine qu'on s'encombre les méninges avec !

— Pour ce qui est de la concision, je suis d'accord, intervint Lidia Guéorguievna d'un ton décidé, en lançant la main en avant.

La foule sans cesse croissante qui l'encerclait poussa un hurlement de satisfaction. C'était une des raisons pour lesquelles ses élèves l'aimaient : elle ne mentait jamais, si elle se disait d'accord, c'est qu'elle l'était vraiment.

— Mais comprenez, les enfants ! Le livre donne l'image de nos grandes réalisations !...

— C'est comme aussi les mémoires ! cria précipitamment au troisième rang un garçon à lunettes, aux cheveux en brosse cocassement hérissés. Il suffit d'avoir passé cinquante ans sur terre pour se croire obligé de publier des mémoires : comment je suis né, comment je me suis marié ; mais ça le premier imbécile venu est capable de l'écrire !

— Tout dépend *de la manière* dont on l'écrit, dit le professeur de russe d'une voix retentissante. A condition de parler de son époque et de soi-même !

— Et qu'est-ce qu'ils ne vont pas raconter ! s'indignait le petit gars à lunettes. Un accès de fièvre me saisit dans le potager ! J'arrive en ville, pas de place à l'hôtel...

Ses camarades le repoussèrent et couvrirent sa voix.

— Donnez-moi la parole, Lidia Guéorguievna, je veux parler de la concision !

Et l'élève avait l'air de lever la main.

— Laissez-moi parler des classiques !...

Et lui aussi avait l'air de la lever.

En voyant leurs visages excités, Lidia Guéorguievna eut un sourire de bonheur. Qu'ils prennent les choses à cœur, qu'ils insistent, il est toujours possible de convaincre dans la discussion. Il n'y avait que l'indifférence qu'elle craignît plus que tout chez les jeunes.

— A toi.

Elle donnait la parole à celui qui voulait parler de la concision.

Il s'agissait de Tchoursanov, un garçon à la tignasse ébouriffée, à la chemise grise, au col retourné et déjà ravaudé. Le père était mort ; sa mère, une pauvre concierge, avait encore d'autres enfants à élever plus petits que lui, aussi, après la septième classe, il avait dû entrer au collège technique. En langue et littérature russes, il se maintenait tant bien que mal aux environs de la moyenne, mais depuis qu'il était aux pionniers, il savait monter les postes et, au collège, il passait pour un génie de la radio : il avait le don de localiser la panne sans consulter le schéma, comme s'il la sentait.

— Ecoutez, déclara Tchoursanov d'une voix cinglante. Anikine a raison : on n'a pas beaucoup de temps, il faut l'économiser. Alors moi, qu'est-ce que je fais, eh bien je ne lis pas du tout de littérature.

Il y eut un gros éclat de rire.

— Tu as demandé à parler de la concision !

— Eh bien, qu'est-ce que je fais ? s'étonna Tchoursanov. J'ouvre la radio, dernières nouvelles, tour d'horizon politique, moi j'écoute et, pendant ce temps, je m'habille, je déjeune ou je bricole quelque chose à la maison, voilà comment j'économise du temps.

On rit encore.

— Qu'est-ce qui vous fait marrer ? s'étonna Tchoursanov.

— Ce n'est vraiment pas drôle ! le défendit Martha Ptochennykh, une forte fille à l'épais et laid visage, aux opulentes tresses noires, dénouées au bout. Lidia Guéorguievna, vous n'êtes pas d'accord ? Quand est-ce qu'un livre est intéressant à lire ? Quand on peut y apprendre ce qu'on n'apprendra nulle part ailleurs, rien que dans ce livre. Mais si on y trouve la même chose qu'à la radio, la même chose que dans le journal, il ne sert à rien, ce livre. Dans le journal, c'est plus court, plus clair...

— Et plus juste ! Parce que le journal ne se trompe pas ! crièrent d'autres voix.

— Et la forme ? demanda avec coquetterie une jeune fille toute rose aux boucles blondes retombant sur les épaules.

— Quoi, la forme ? Est-ce qu'elle est mauvaise dans le journal, la forme ?

— La forme lit-té-rai-re ! dit la petite rose en ponctuant chaque syllabe d'un signe de tête.

— Qu'est-ce que ça veut dire la forme ? demanda Tchoursanov. Qu'il y ait quelqu'un qui tombe amoureux d'un autre, c'est ça que tu cherches ?

— Mais enfin, mes amis, mais voyons, bien sûr, la forme !

Lidia Guéorguievna s'emportait à son tour et elle pointa sur sa poitrine ses doigts réunis, et ce geste semblait être un moyen favori pour convaincre.

— Un livre doit nous offrir une psychologie approfondie, nous expliquer les subtils...

Mais déjà, on l'assiégeait de toutes parts, certains ne l'écoutaient plus, discutaient ou bavardaient entre eux.

Le visage de Lidia Guéorguievna s'empourprait.

— Non, non, attendez ! s'exclama-t-elle, désireuse d'apaiser les mutins, les choses n'en resteront pas là ! A présent, nous aurons une grande salle des fêtes, dès septembre nous organiserons un débat et moi — elle posa d'un geste autoritaire la main sur les épaules d'Anikine et Potchtennykh — je traînerai à la tribune tous ceux qui ont pris la parole aujourd'hui et que vous...

— Il vient ! Il vient ! Il vient ! s'écrièrent les petits, bientôt suivis des grands.

Les petits se mirent à courir les uns à la suite des autres, de plus en plus vite ; les grands s'écartèrent, se retournèrent. Professeurs et étudiants se penchèrent aux fenêtres du premier.

Le « Gazik (1) » du collège, à la carrosserie cabossée, débouchait du passage à niveau, cahotant péniblement sur les dos d'âne, ses roues faisaient jaillir de temps à autre l'eau d'une flaque. On apercevait déjà derrière la vitre de la cabine le directeur et le chauffeur, ballottés de droite et de gauche. Les élèves, qui s'étaient précipités en tête, à grand renfort de cris, pour accueillir leur directeur, furent les premiers, pour quelque raison mystérieuse, à remarquer que le visage de Fédor Mikhéévitch n'était pas très enjoué.

Et ils se turent.

Ils escortèrent le camion de part et d'autre, jusqu'à ce qu'il se fût arrêté. Fédor Mikhéévitch, vêtu d'un simple costume bleu déjà usagé, trapu, la tête grisonnante nue, descendit de voiture et jeta un regard circulaire. Il devait se diriger vers l'entrée mais le petit chemin rectiligne qui y menait était obstrué, les élèves serrés les uns contre les autres l'encerclaient en fer à cheval, les yeux fixés sur lui, dans l'attente. Des questions s'échappèrent de la bouche des plus impatients, à voix basse d'abord :

— Eh bien ? Fédor Mikhéévitch ?

— Quand ?

— Quand ?

Plus fort ensuite, des derniers rangs :

— On déménage ?

— Quand est-ce qu'on déménage ?

Il parcourut une nouvelle fois du regard les dizaines d'yeux chargés d'attente, interrogateurs. Non, il le voyait, il ne pourrait pas porter sa réponse jusqu'au premier étage ; c'est ici qu'il devait la donner. « Quand ? » « Quand est-ce qu'on déménage ? » Tout le printemps et tout l'été, les élèves lui avaient posé ces questions. Le directeur et les professeurs principaux ne faisaient que dire : « Cela dépend de vous. De la manière dont vous allez travailler. » Mais à présent, il

(1) Sorte de camionnette tous terrains. (N.d.T.)

ne restait plus à Fédor Mikhéévitch qu'à soupirer et à dire, sans dissimuler son dépit :

— Camarades, il faudra attendre un peu. L'entrepreneur n'a pas tout terminé.

Sa voix était toujours sourde, comme s'il était enrhumé.

La foule des étudiants poussa un soupir.

— Encore attendre !

— Encore : pas terminé...

— Mais voyons, après-demain c'est le 1er septembre...

— Et alors ? Encore aller louer une chambre ?

L'étudiant en chemise jaune vif à catamarans eut un ricanement et dit à ses compagnes :

— Je vous l'avais bien dit. Réglé comme du papier à musique. Et ce n'est pas tout encore, vous allez voir.

On se mit à crier :

— On ne pourrait pas le faire nous-mêmes, dites, Fédor Mikhéévitch ?

Le directeur sourit :

— Quoi ? Vous y avez pris goût ? Non, cette fois-ci, ce n'est pas possible.

Des jeunes filles au premier rang tenaient à toute force à le persuader :

— Fédor Mikhéévitch ! On va déménager quand même, vous voulez ? Qu'est-ce qu'il reste encore ?

Le directeur, au large front, à la large ossature, les regardait, noyé dans l'embarras :

— Mais voyons, mes petites, vous voudriez que je vous explique tout ?... Il y a des endroits où les planchers ne sont pas secs...

— On n'y marchera pas...

— On y mettra des planches !

— Il manque beaucoup d'espagnolettes...

— Bah !... quelle importance, c'est l'été !

— Il faut encore essayer le système de chauffage...

— Bon... mais ça c'est pour le début de l'hiver !

— ... Et puis encore toutes sortes de bricoles...

Fédor Mikhéévitch se contenta de lever les bras au ciel. Son front se couvrit d'une multitude de rides, toutes horizontales. Il n'allait tout de même pas raconter aux élèves qu'il fallait un acte de prise de possession des locaux ; que cet acte devait être signé par l'entrepreneur et le client ; l'entrepreneur était disposé à le signer pour sa part, il désirait livrer le plus tôt possible ce chantier, quant à Fédor Mikhéévitch, le temps était si précieux qu'il aurait été prêt à signer, si le collège technique avait été le client ; or, le collège ne pouvait l'être, étant donné qu'il ne disposait pas de personnel habilité à contrôler la qualité architecturale et technique du bâtiment, si bien que la commande avait été effectuée à sa place par le service de constructions neuves de l'usine de relais, laquelle usine n'avait absolument aucune raison de brûler les étapes et de violer le règlement. Khabalyguine, son directeur, qui tout l'été avait promis à Fédor Mikhéévitch qu'il prendrait possession des locaux en août quoi qu'il arrive, avait déclaré récemment : « Ah ! ça, non, camarades ! Tant que la dernière vis n'aura pas été mise en place, nous ne signerons pas ! » Dans le principe, il avait parfaitement raison.

Et les fillettes de geindre :

— Oh ! On a tellement envie de déménager, Fédor Mikhéévitch ! On s'est tellement fait à cette idée !

— Et pourquoi ça ? demanda Tchoursanov, s'en prenant aux petites d'un ton plutôt acerbe. Grimpé sur un monticule, il les dominait tous. De toute manière, nous devons aller travailler un mois dans un kolkhoze, qu'est-ce que ça peut faire que l'on parte de ces locaux-ci ou des autres ?

— Ah ! oui, c'est vrai, le kolkhoze... se rappelèrent les autres. Ils l'avaient oublié à force de travailler l'été sur le chantier.

— Cette année, nous n'irons pas ! déclara d'un ton péremptoire Lidia Guéorguievna de derrière.

Ce fut alors seulement que Fédor Mikhéévitch s'aperçut de sa présence.

— Pourquoi n'irions-nous pas, Lidia Guéorguievna ? Pourquoi ? lui demandait-on.

— Vous devriez lire le journal régional, mes amis. Il y a eu un article.

— Un art-icle ?

— On ira quand même...

Fédor Mikhéévitch fendit la foule des étudiants et se dirigea vers l'entrée. Lidia Guéorguievna le rattrapa dans l'escalier. Justement, cet escalier ne permettait qu'à deux personnes d'avancer de front.

— Fédor Mikhéévitch ! On nous le donnera en septembre, n'est-ce pas ?

— Oui, répondit-il d'un ton absent.

— Nous avons une excellente idée pour tout déménager entre samedi midi et lundi matin. De cette manière, nous ne perdrons pas un jour de classe. Nous confierons un laboratoire à chacun des groupes. Le comité est en train de faire un projet.

— Très bien, faisait le directeur en accompagnant ses paroles d'un signe de tête, tout en restant plongé dans ses réflexions.

Ce qui le tracassait, c'était que les dernières finitions étaient réellement insignifiantes, l'usine aurait pu les prévoir deux ou trois semaines plus tôt et il eût été parfaitement possible d'accélérer les choses et de prendre possession des locaux. Or, certains petits détails donnaient l'impression que l'usine faisait traîner exprès l'affaire en longueur.

— Autre chose, Fédor Mikhéévitch ! Nous avons examiné le cas d'Engalytchev au comité, il nous a donné sa parole, nous répondons de lui. Rétablissez-lui sa bourse à partir du 1er septembre.

Le regard de Lidia Guéorguievna était implorant, chargé de conviction.

— Toujours à intercéder, vous, dit le directeur en

hochant la tête et il porta sur elle ses yeux bleu clair. Et s'il récidivait ?

— Non, non ! assurait-elle, arrivée en haut de l'escalier, devant les autres professeurs et la secrétaire.

— Soit.

Il pénétra dans son petit bureau, après avoir fait demander le censeur et les chefs de sections. Il désirait les entendre dire, afin de s'en convaincre, qu'ils étaient prêts à aborder la nouvelle année, quoi qu'il advînt, et que le nécessaire avait déjà été fait sans lui.

Depuis de longues années qu'il présidait aux destinées du collège, Fédor Mikhéévitch s'efforçait de le diriger de manière à ce que tout tourne sans lui, à ce qu'on ait besoin le moins possible de ses décisions personnelles. Sorti avant la guerre de l'Institut des Transmissions, il ne pouvait vraiment pas s'initier à toutes les nouvelles spécialités d'une technique qui évoluait aussi rapidement et être plus intelligent que les ingénieurs. Il était doté d'un tempérament accommodant et peu ambitieux ; dans son esprit, le rôle du directeur ne consistait pas à dicter ses caprices, mais simplement à être le point de concentration, de rassemblement de gens s'accordant une confiance mutuelle, habitués à travailler en commun.

Faïna, la secrétaire, une femme d'un certain âge, aux manières fort indépendantes, un fichu de couleur noué sous le menton, de manière telle que son extrémité libre flottait derrière sa tempe comme un drapeau triangulaire au rythme de sa marche rapide, posa devant le directeur un diplôme rempli et déboucha un flacon d'encre de Chine.

— Qu'est-ce que c'est ? demanda Fédor Mikhéévitch, qui n'avait pas saisi.

— C'est le diplôme de Gomozina, pour raisons de santé, elle l'a soutenu...

— Bien, bien...

Il vérifia sa plume, la trempa, puis ses doigts de la

main gauche vinrent entourer comme un bracelet la main droite et seulement alors, il apposa sa signature.

Sa seconde blessure, reçue en Transylvanie, lui avait non seulement fracturé la clavicule, qui ne s'était jamais remise comme il faut, mais lui avait occasionné une violente commotion. Son ouïe s'était altérée, ses mains tremblaient encore, si bien qu'il ne laissait pas à sa main droite seule le soin de tracer une signature importante.

CHAPITRE III

UNE heure et demie après, la plupart étaient partis. Il ne restait plus que les professeurs avec leurs aides de laboratoire qui devaient préparer des travaux pratiques. Les étudiants se pressaient à la comptabilité où avaient lieu l'inscription pour les chambres en ville. Lidia Guéorguievna et le Comité avaient établi le plan de déménagement, lequel avait reçu l'approbation du directeur et des chefs de sections.

Fédor Mikhéévitch était encore en compagnie du censeur lorsque Faïna, son chapeau flottant sur la tête, fit irruption dans le bureau et déclara, de l'air d'annoncer une nouvelle sensationnelle, que deux voitures « Volga » avaient franchi le passage à niveau et ne pouvaient que venir ici. Le directeur jeta un coup d'œil par la fenêtre et vit que deux « Volga », l'une bleu-vert, l'autre grise, arrivaient réellement en cahotant sur les dos d'âne.

Cela ne faisait pas de doute, il ne pouvait s'agir que de visiteurs haut placés et il aurait dû descendre les accueillir. Mais comme il n'attendait personne de ce genre, il resta debout à la fenêtre du premier. Les grands nuages blancs, tourbillonnants, traversaient le ciel à une vitesse notable.

Les voitures s'avancèrent jusqu'à l'entrée et il en sortit cinq hommes coiffés de feutre : deux de la couleur vert bouteille en vogue chez les dirigeants de la ville, les autres de couleur claire. Fédor Mikhéévitch reconnut sur-le-champ celui qui marchait en tête : Vsévolod Borissovitch Khabalyguine, directeur de l'usine de matériel de relais, le « bénéficiaire » des nouveaux locaux du collège. Il avait le bras long et brassait des affaires combien plus importantes que celles de Fédor Mikhéévitch ; toutefois, il le traitait toujours avec courtoisie. Dans la matinée, Fédor Mikhéévitch avait téléphoné à deux reprises à Khabalyguine pour le prier de céder et d'autoriser son service des constructions neuves à prendre possession des locaux en dressant l'état des finitions manquantes.

A deux reprises, on lui avait répondu que le directeur était absent. Fédor Mikhéévitch crut avoir deviné et il dit à son censeur, long et maigre comme une perche :

— Ecoute, Grigori, et si c'était une commission qui venait pour accélérer, hein ? Si ça pouvait être vrai !

Et il sortit précipitamment accueillir ses visiteurs. L'austère censeur, à l'esprit pratique, que craignaient fort les étudiants, lui emboîta le pas.

Fédor Mikhéévitch eut juste le temps de descendre une marche que, déjà, les cinq hommes, à la file indienne, gravissaient l'escalier menant à lui. Khabalyguine, pas très grand, montait le premier. Il n'avait pas encore la soixantaine, mais était déjà bien empâté ; il avait dépassé depuis longtemps les cent dix kilos et son obésité l'exténuait. Ses tempes étaient argentées.

— Bon, bon, prononça-t-il en tendant la main avec satisfaction au directeur du collège.

Une fois hissé sur le palier, il se retourna :

— Voici un camarade de notre ministère.

Le camarade du ministère était sensiblement plus jeune, mais lui aussi fort gras. Il laissa un instant Fédor Mikhéévitch tenir l'extrémité de trois doigts blancs et délicats et poursuivit son ascension.

Entre parenthèses, « notre » ministère n'avait strictement rien à voir ici depuis plus d'un an, date où le collège technique était passé sous la férule du sovnarkhose.

— C'est que je vous ai téléphoné deux fois aujourd'hui, dit avec un sourire radieux Fédor Mikhéévitch à Khabalyguine et il lui toucha la manche ; je voulais instamment vous prier...

— Voici, dit Khabalyguine, un camarade du Comité pour les Affaires...

Il énonça les titres du comité, mais Fédor Mikhéévitch perdit le fil et ne comprit rien.

Le camarade du Comité pour les Affaires était un tout jeune homme, élancé, bien fait de sa personne et à la mode jusque dans les moindres détails de sa mise.

— Et voici, poursuivit Khabalyguine, un inspecteur pour l'électronique de...

Il expliqua d'où, mais ce faisant, il se remit à gravir les marches et, une fois de plus, Fédor Mikhéévitch ne comprit pas.

L'inspecteur pour l'électronique était un petit homme noiraud et bien aimable, avec des moustaches noires modèle réduit, pas plus larges que son nez.

Le dernier visiteur était l'instructeur du service de l'industrie près le comité régional du parti, Fédor Mikhéévitch le connaissait bien. Ils se saluèrent.

Chacun des cinq hommes n'avait rien en main.

Sur le palier, près de la rampe qui barrait la cage de l'escalier, l'austère censeur se tenait figé au garde-à-vous, tel un soldat. Les uns lui adressèrent un signe de tête, les autres non.

Khabalyguine hissa enfin en haut des marches son corps déformé par la graisse. Il n'était pas question de marcher de front avec lui dans l'escalier étroit du collège, pas plus que de le croiser. Arrivé en haut, il se mit à haleter comme un soufflet de forge. Seule sa mine perpétuellement enjouée et énergique empêchait d'avoir pitié de lui, à le voir ainsi se battre à chaque pas, à chaque mouvement, contre son corps encombrant, encore qu'une partie de la mauvaise graisse fût dissimulée par un tailleur habile.

— Nous allons dans mon bureau ? invita Fédor Mikhéévitch du haut du palier.

— Mais non, à quoi bon user nos fonds de culottes, répliqua Khabalyguine. Fais-nous faire un tour, montre-nous tout de suite dans quelles conditions tu vis. N'est-ce pas, camarades ?

Le camarade du Comité pour les Affaires retroussa la manche de son imperméable de fabrication étrangère, consulta son bracelet-montre :

— Bien sûr, répondit-il.

— Je vis ?... soupira Fédor Mikhéévitch.

Et il mit aussitôt le verbe au pluriel :

— Nous ne vivons pas, nous souffrons le martyre. Un groupe du matin et un groupe du soir. Pas assez de place dans les labos. Des travaux pratiques différents dans la même salle, on en est parfois réduit à retirer les instruments de la table pour en poser d'autres.

Il regardait tour à tour chacun des cinq et son ton était celui de quelqu'un qui cherche à se disculper ou à s'excuser.

— Eh bien, qu'est-ce que tu nous dis là ! répondit Khabalyguine, secoué par un accès de toux, à moins que ce ne fût de rire.

Les plis flasques de ses joues furent eux aussi secoués comme une encolure de buffle.

— Ce qui doit nous étonner, c'est que tu aies pu vivre ici sept ans !

Fédor Mikhéévitch souleva les sourcils clairs, broussailleux, qui surmontaient ses yeux clairs.

— Mais voyons, Vsévolod Borissovitch, il n'y avait pas autant de sections ! Et les promotions n'étaient pas si nombreuses.

— Bon, bon, conduis-nous, conduis-nous, nous allons voir ça !

D'un signe de tête, le directeur indiqua à son censeur qu'il veille à ce que tout fût ouvert et il commença la visite. Les cinq hommes le suivaient sans quitter imperméables et chapeaux.

Ils entrèrent dans une vaste salle aux murs ceints de rayonnages surchargés d'appareils. Le professeur, une aide de laboratoire en blouse bleu marine et un étudiant de quatrième année, Tchoursanov justement, avec son col ravaudé, préparaient les travaux pratiques. La salle, orientée vers le sud, était inondé de soleil.

— Et alors ! dit Khabalyguine d'un ton joyeux. Vous croyez que ce n'est pas bien ici ? Un très beau local !

— Mais comprenez donc, dit Fédor Mikhéévitch vexé, qu'il y a ici trois laboratoires l'un sur l'autre : les fondements de la radio technique et des antennes, les installations de transmission-radio et les postes récepteurs.

— Bon, et puis après ?

Le camarade du ministère tourna, vexé à son tour, sa belle et grosse tête.

— Vous vous imaginez qu'au ministère, après la réorganisation, nos tables de travail sont plus au large ? Elles le sont bien moins.

— Surtout qu'il s'agit de matières très proches, et Khabalyguine, extrêmement satisfait, tapota l'épaule du directeur :

— Ne te fais pas plus pauvre que tu ne l'es, cher camarade, ne te fais pas plus pauvre...

Fédor Mikhéévitch le regarda, perplexe.

De temps à autre, Khabalyguine remuait les lèvres et ses épaisses joues, comme s'il venait d'avaler quelque chose de très bon sans toutefois avoir pu se curer les dents et qu'un fragment de nourriture s'y était coincé dans un coin de la bouche.

— Et ça, à quoi ça sert ?

Le camarade du Comité pour les Affaires était planté devant de singulières bottes de sept lieues, à la tige retroussée, et il les effleurait de l'extrémité de son botillon pointu.

— Ce sont des bottes pour haute tension, expliqua doucement le professeur.

— Des bottes ?

— Pour haute tension ! cria à tue-tête Tchoursanov avec la témérité de celui qui n'a rien à perdre.

— Ah, bon ! Ah, oui ! très bien, dit le camarade du Comité pour les Affaires et il suivit ses compagnons.

L'instructeur du comité régional, qui était le dernier, demanda à Tchoursanov :

— Et à quoi elles servent ?

— C'est pour quand on répare l'émetteur.

Fédor Mikhéévitch voulait montrer toutes les classes, mais les visiteurs passèrent devant un certain nombre de portes avant de pénétrer dans un amphi. Les murs étaient garnis de tableaux de conjugaisons des verbes anglais et de planches illustrées, les rayons de l'armoire encombrés de modèles stéréométriques.

L'inspecteur pour l'électronique dénombra les tables (il y en avait treize), lissa avec deux doigts ses moustaches piquantes :

— Combien sont-ils par groupe ? demanda-t-il. Trente ?

— Oui, en gros...

— Donc, ils n'ont pas besoin de se mettre tous à trois par table.

Ils poursuivirent leur visite.

Dans le minuscule laboratoire de télévision, une dizaine de téléviseurs de différentes marques, tout neufs et à demi démontés, reposaient sur les tables.

— Ils marchent ? Tous ? demanda le camarade du Comité pour les Affaires en les désignant de la tête.

— Ceux qui le doivent marchent, répondit doucement un jeune aide de laboratoire à la mise élégante.

Il portait un costume beige sable, avec un insigne de technicien à la boutonnière et une cravate de couleur vive.

Des directives de travaux étaient empilées et, tout en les feuilletant, l'inspecteur lisait à mi-voix :

— « Réglage du téléviseur d'après la mire. » « Utilisation du téléviseur en qualité d'amplificateur. » « Construction des signaux d'image... »

— Eh bien, vous le voyez, il n'y a pas de rayonnages ici et vous vous en passez, nota Khabalyguine.

Fédor Mikhéévitch comprenait de moins en moins ce que voulait au juste cette commission.

— Mais tout se trouve à côté, dans le cabinet de préparation. Montre, Volodia.

— Quoi ? Il y a un cabinet de préparation encore ! Mais vous êtes somptueusement installés !

La porte du cabinet était de format réduit, comme celle d'un débarras. Le mince et élégant aide de laboratoire y entra aisément, le camarade du ministère s'y inséra à sa suite non sans peine, mais s'aperçut immédiatement qu'il ne pourrait plus faire un pas. Les autres se contentèrent d'y glisser à tour de rôle la tête. Ce n'était qu'un étroit défilé, entre deux rangées de rayonnages qui grimpaient jusqu'au plafond. L'aide de laboratoire eut de haut en bas le geste du guide qui fait visiter un musée :

— Ici, le matériel du labo de télévision. Ici, celui du labo d'alimentation en électricité. Ici, celui des mesures radiotechniques.

Des instruments à aiguilles, des caisses noires, marron et jaunes, étaient entassées sur toutes les planches.

— Et ça, à quoi ça sert ?

Le camarade du ministère pointait son doigt sur le mur.

Il venait de s'apercevoir que l'aide de laboratoire avait grignoté une place sur le mur et, dans cette petite fenêtre non encombrée de matériel, était épinglée aux quatre coins une coupure de magazine en couleurs, représentant un portrait de jeune femme. Comme rien n'était écrit à côté, on ne pouvait savoir si l'image de la belle pécheresse provenait d'un magazine soviétique ou étranger : il y avait simplement une jolie fille aux cheveux châtain foncé, en corsage orné d'une broderie rouge en forme d'arc double. Son menton effleurait ses deux mains entrelacés, aux avant-bras nus, elle tenait la tête légèrement inclinée sur le côté et posait sur le jeune aide de laboratoire et le camarade du ministère un regard qui n'avait rien à voir avec la technique.

— Pas de place que vous dites, grommela ce dernier en se tournant à grand-peine pour gagner la sortie, et vous allez placarder Dieu sait quoi.

Il adressa un dernier coup d'œil à la pin-up et sortit.

La nouvelle qu'une horrible commission était dans les murs avait fait le tour du collège et, par-ci, par-là, des têtes sortaient des portes entrebâillées, des visages se montraient dans les couloirs. Lidia Guéorguievna se trouva subitement nez à nez avec la commission. Elle s'écarta, se plaqua, mains et dos contre le mur, et la suivit d'un regard angoissé. Elle n'avait rien entendu de la conversation, mais la mine du directeur lui laissait entendre qu'il se passait quelque chose d'anormal.

Fédor Mikhéévitch retint l'instructeur du comité régional par le coude et, profitant de ce qu'ils restaient à l'écart, lui chuchota :

— Ecoute ! Qui est-ce qui nous les a envoyés ? Pourquoi n'y a-t-il personne du sovnarkhoze ?

— Victor Vaviliévitch m'a prié de l'accompagner, je ne suis au courant de rien.

Revenu sur le même palier, Khabalyguine s'éclaircit la gorge, les plis jaunâtres de graisse frémirent une autre fois sur son cou et il alluma une cigarette.

— Bo-on. Ailleurs, ce doit être à peu près pareil.

Le camarade du Comité pour les Affaires porta les yeux sur sa montre-bracelet :

— Dans l'ensemble, la situation est claire.

L'inspecteur pour l'électronique se lissa les moustaches avec deux doigts et ne dit mot.

— A part celui-ci, combien avez-vous de bâtiments ? demanda le camarade du ministère.

— Deux autres, mais...

— Ho, enco-ore deux ?

— Oui, mais quels ! Des rez-de-chaussée. Pas commodes du tout. Loin l'un de l'autre. Allons les voir.

— Ce sont les ateliers ?

— Mais est-ce que vous comprenez vraiment dans quelles conditions nous sommes ? s'écria Fédor Mikhéévitch, soudain libéré des brides de l'hospitalité ou du respect que lui imposait la haute position de ses visiteurs. Nous n'avons même pas de dortoir pour nos étudiants ; à présent, ce bâtiment-ci va devenir leur foyer. Nos gars et nos filles louent des chambres dans tous les coins de la ville, il leur arrive d'entendre des propos grossiers, de côtoyer des ivrognes. Tout notre travail d'éducation est saboté et, d'ailleurs, où voudriez-vous que nous le fassions ? Dans cet escalier, peut-être ?

— Allons, allons ! protestèrent les membres de la commission.

— Le travail d'éducation est entre vos mains ! assura d'un ton sévère le jeune homme du Comité pour les Affaires.

— Vous n'avez pas à en appeler à qui que ce soit ! ajouta l'instructeur du comité régional.

— Vous n'avez pas à vous disculper !... poursuivit Khabalyguine en levant au ciel ses bras courtauds.

Fédor Mikhéévitch tourna la tête et même secoua les épaules malgré lui, peut-être pour qu'on cessât de l'aiguillonner de tous côtés, peut-être pour se décharger de sa position malheureuse de questionné. Si ce n'était pas lui qui posait les questions, il ne comprendrait et n'apprendrait jamais rien. Ses blancs sourcils broussailleux se rejoignirent.

— Permettez, j'aimerais quand même savoir qui vous a délégué ici ? Et dans quel but ?

Le camarade du ministère souleva son feutre et s'épongea le front. Sans couvre-chef, il paraissait encore plus représentatif. Des cheveux extrêmement imposants, quoique clairsemés, adornaient ses tempes.

— Comment, vous ne savez pas encore ? s'étonnat-il, placide. Il existe un arrêté du ministère et — il fit un signe de tête — du Comité, aux termes duquel un important Institut de recherches poursuivant des travaux secrets dont l'ouverture est prévue dans votre ville devra être logé dans les locaux initialement destinés à votre collège. Est-ce exact, camarade Khabalyguine ?

— Oui, oui, confirma celui-ci en inclinant plusieurs fois sa tête surmontée d'un chapeau vert. Oui, répéta-t-il en regardant avec compassion le directeur du collège et en lui appliquant des tapes amicales sur l'épaule. Cher camarade, tu passeras très bien deux autres petites années ici et, pendant ce temps, on te construira de nouveaux locaux, encore mieux que les autres ! Il le *faut*, cher ami, ne te désole pas. Il le faut ! Pour le bien de la cause.

Le corps de Fédor Mikhéévitch, déjà trapu, s'affaissa encore ; il eut un regard étrange, comme si on lui avait assené un coup de bâton en plein front.

— Mais, comment... étrangement ce fut une chose tout à fait secondaire qui lui vint à l'esprit... mais nous n'avons pas fait les peintures, les réparations !

Quand Fédor Mikhéévitch était contrarié, sa voix, d'habitude rauque, se brisait au point de devenir sifflante.

— Bon, ce n'est pas grave ! le consolait Khabalyguine. Vous avez sûrement dû les faire l'an passé, vos peintures.

Le camarade du Comité pour les Affaires descendit une marche.

Il y avait tant et tant de choses à dire que le directeur du collège n'arrivait pas à trouver ses mots.

— Mais qu'est-ce que j'ai à voir, moi, avec votre ministère ? protesta-t-il d'une voix sifflante en cédant le passage à ses visiteurs. Nous dépendons du sovnarkhoze local. Pour ce transfert vous devez obtenir un arrêté du gouvernement.

— C'est parfaitement exact, dit la commission qui

l'écarta doucement en s'engageant dans l'escalier. Nous préparons les documents voulus. D'ici deux jours, il sera ratifié.

Et tous les cinq descendirent les marches, tandis que le directeur restait cloué sur place, agrippé à la rampe, fixant d'un regard hébété le vide.

— Fédor Mikhéévitch !

Lidia Guéorguievna venait du couloir, elle se tenait on ne savait pourquoi la gorge, cette gorge brunie sur le chantier et que découvrait son col rabattu.

— Que disent-ils, Fédor Mikhéévitch ?

— On nous retire notre bâtiment, dit sans la regarder le directeur, d'une voix totalement inexpressive, faible, éteinte.

Et il entra dans son bureau.

— Comment ? Comment ? cria-t-elle au bout d'un instant. Le nouveau ? On nous le retire ?

Elle courut à sa poursuite et ses talons claquèrent sur le sol. A la porte, elle se cogna à la comptable, la bouscula et entra derrière le directeur.

Il avançait à pas lents vers son bureau.

— Ecou-ou-tez ! dit-elle dans son dos d'une voix altérée qui chantait presque. Ecou-ou-tez ! Pourquoi cette iniquité ? Mais voyons, c'est *inique* ! criait-elle de plus en plus fort.

Voilà les mots qu'il aurait dû leur crier, mais il était un directeur et pas une femme. Et où prenait-elle toutes ces larmes qui ruisselaient si généreusement sur son visage ?

— Qu'est-ce que nous dirons à nos élèves ? Ainsi, nous les avons trompés ?...

Jamais, semble-t-il, il ne l'avait vue pleurer.

Le directeur s'assit dans son fauteuil et jeta un regard vide sur le bureau devant lui. Tout son front se plissa en rides, de fines rides et toutes horizontales.

La comptable, une vieille femme toute desséchée, ses rares cheveux ramenés sur la nuque, se tenait debout, son carnet de chèques à la main.

Elle avait tout entendu et tout compris. Elle était prête à s'éclipser à l'instant, à n'importuner personne, mais elle venait de téléphoner à la banque qui lui avait répondu qu'on pouvait venir encaisser. Le chèque était rempli, la somme, la date.

Et elle s'avança, posa devant le directeur le long carnet à hachures bleu ciel sur lequel elle garda la main.

Fédor Mikhéévitch trempa sa plume, ses doigts de la main gauche vinrent comme un bracelet entourer son poignet droit, mais même liées ainsi, ses mains dansaient.

Il essaya sa signature sur un bout de papier. Sa plume se mit à tracer des signes qui ne ressemblaient à rien, puis racla le papier en faisant jaillir des éclaboussures.

Fédor Mikhéévitch leva les yeux, regarda la comptable et sourit.

La comptable se mordit les lèvres, reprit le carnet de chèques et sortit en toute hâte.

CHAPITRE IV

TOUT cela avait fondu si brutalement sur le directeur en cette visite tellement victorieuse et rapide qu'il avait été incapable en présence de la commission de trouver les mots voulus, et aussitôt après son départ, de mettre sur pied un plan d'action.

Il téléphona au sovnarkhoze, service des établissements scolaires. C'était lui qui leur apprenait tout juste la nouvelle, on s'indigna, on promit de tirer l'affaire au clair. Ceci aurait pu l'encourager.

Mais ceci ne l'encouragea pas.

La commission avait sa petite idée de derrière la tête...

Fédor Mikhéévitch avait tellement honte vis-à-vis des étudiants, des professeurs, de tous ceux qu'il avait appelés à travailler en leur promettant ferme ce fameux déménagement ; il voyait si brutalement s'effondrer tout ce qu'ils avaient projeté, ses collaborateurs et lui, pendant des mois, voire même des années, lorsqu'ils examinaient le plan du bâtiment, qu'il aurait éprouvé moins de peine à échanger son propre appartement contre un moins confortable à la seule condition que le nouveau bâtiment fût donné à son collège.

Le brouillard lui envahissait la tête, il se sentait parfaitement incapable de mettre deux idées bout à bout.

Il ne dit rien à personne, il ne mit rien sur sa tête, il sortit à l'air libre pour s'éclaircir les idées.

Une fois dehors, il marcha sans même s'en rendre compte vers le passage à niveau, tournant et retournant sans arrêt dans sa cervelle les dizaines d'avantages d'importance vitale que son collège perdait en même temps que ses nouveaux locaux. La barrière s'abattit devant son nez, Fédor Mikhéévitch s'arrêta, il aurait aussi bien pu passer par-dessus. Un long convoi de marchandises se profila au loin. Il s'approcha et descendit avec un grondement terrible la rampe. La conscience de Fédor Mikhéévitch n'enregistra rien de tout cela. La barrière se releva, il poursuivit son chemin.

Quand il comprit où il était, il se trouvait dans la cour du bâtiment neuf. Ses jambes l'y avaient porté toutes seules. L'entrée principale entièrement terminée, lustrée comme une glace, était close. Fédor Mikhéévitch fit le tour par la cour, agencée, nettoyée, mise en ordre par ses étudiants. Comme elle était vaste, on prévoyait d'y aménager un excellent terrain de sport.

Un camion de l'entreprise de construction était arrêté dans la cour et les plombiers y balançaient à grand fracas toute sorte de supports, tuyaux et Dieu sait quoi encore, mais Fédor Mikhéévitch n'y fit pas attention.

Il pénétra dans le bâtiment et son pas sourd résonna à son grand plaisir sur les dalles du vaste hall, encadré par deux vestiaires, conçus pour mille places. Les triangles mobiles en aluminium tubulaire avec crochets et patères à couvre-chefs étincelaient, et instantanément leur éclat fit luire dans l'esprit du directeur une idée d'une désarmante simplicité qui ne l'avait même pas effleuré tant il pensait à son collège et non au nouveau propriétaire du bâtiment : qu'allait donc faire l'Institut de ces locaux ? Ces portemanteaux par exemple ; il faudrait les démolir parce qu'il n'y aurait même pas une centaine de personnes qui travailleraient ici. Et la salle de gymnastique, ses espaliers couvrant tout un immense panneau, ses anneaux, sa barre fixe scellée, ses fenêtres garnies de barreaux et de grillages ? Ainsi, il faudrait à présent tout arracher, extirper ? Et les ateliers munis d'autant de pieds de béton que de machines ? Et toute l'installation électrique ? Toute la conception du bâtiment en salles d'étude ? Les tableaux noirs ! Le grand amphi ? La salle des fêtes ?...

Pendant ce temps, deux peintres le croisèrent, puis deux charpentiers avec leurs instruments, et tous les quatre en direction de la sortie.

— Hé ! écoutez ! cria le directeur retrouvant ses esprits. Camarades !...

Ils étaient en train de partir.

— Hé ! les amis !

Ils se retournèrent.

— Où allez-vous comme ça ? La journée n'est pas finie !

— C'est liquidé, directeur ! s'écria tout joyeux le plus jeune des charpentiers, tandis que l'autre allait son chemin, l'air sombre. On va en griller une ! On s'en va.

— Mais où ça ?

— On ne travaille plus ici. Ordre du chef.

— Comment ?

— Ben, tu sais pas comment ? On va ailleurs, quoi. Faut qu'aujourd'hui même on soit à pied d'œuvre.

Et comme il avait remarqué auparavant que ce directeur aux cheveux gris n'était pas un type fier, il revint sur ses pas et, lui tapotant le bras :

— Passe-nous une cigarette, directeur.

Fédor Mikhéévitch lui présenta un paquet froissé.

— Mais où est le chef de chantier ?

— Il a filé ! Le premier de tous.

« Il a dit comme ça, arrêtez le boulot, c'est plus à nous, c'est à un autre organisme.

— Et les finitions, alors, qui est-ce qui va s'en charger ? dit Fédor Mikhéévitch furieux. Qu'est-ce que tu as à rigoler ? Combien reste-t-il encore à faire ?

Les sourcils froncés lui donnaient une mine furibonde.

— Bah ! cria le charpentier, tirant sur sa cigarette et rejoignant ses compagnons. Tu sais pas comment ça se passe ? On fait un constat, on le recopie au papier carbone et tout est en règle. Au revoir et merci !

Fédor Mikhéévitch suivit des yeux le joyeux charpentier en combinaison maculée ; les clous de ses brodequins brillaient et il se sauvait, il se sauvait ce sovnarkhoze qui avait pris en main ce chantier de malheur, resté trois ans en rade au niveau des fondations, lui qui avait fait surgir de terre ce bâtiment, l'avait terminé, briqué.

Il se sauvait, le sovnarkhoze, mais l'idée des transformations, de ces transformations innombrables et parfaitement insensées redonna au directeur la force de s'insurger. Il comprenait qu'il avait le bon droit de son côté. Et à son tour, il partit presque en courant, martelant à son tour les dalles du hall.

Le bureau où se trouvait l'appareil téléphonique en service était fermé. Fédor Mikhéévitch courut au-dehors. Un vent furieux soulevait, éparpillait le sable. Le camion de l'entreprise de construction était déjà engagé dans la porte cochère. Le gardien se trouvait à l'extérieur ; le directeur ne prit pas le chemin du retour, il chercha à tâtons une pièce de quinze kopecks dans sa poche et se dirigea vers la cabine téléphonique.

Il appela Gratchikov, le secrétaire du comité de la ville. Il était en conférence, lui répondit la secrétaire. Le directeur se nomma et la pria de demander s'il pourrait être reçu et à quel moment. Dans une heure, lui dit-elle.

Fédor Mikhéévitch se rendit au comité, toujours à pied. Chemin faisant, puis ensuite dans la salle d'attente, il passait en revue tous les étages, toutes les salles de cours du bâtiment neuf et ne voyait pas qu'il existât un seul endroit où l'Institut n'eût à abattre une cloison ou à en poser une.

Il se mit à calculer sommairement sur son calepin le prix de revient global.

Pour Fédor Mikhéévitch, Ivan Kapitonovitch Gratchikov n'était pas simplement le secrétaire du comité de la ville, c'était aussi un camarade de guerre. Ils s'étaient battus côte à côte dans le même régiment, quoique peu de temps ; Fédor Mikhéévitch était chef des transmissions, et Gratchikov était arrivé plus tard à sa sortie de l'hôpital pour prendre la place d'un chef de bataillon mort au champ d'honneur. Ils s'étaient aperçus qu'ils étaient tous deux du même coin, si bien qu'ils se voyaient et parfois bavardaient au téléphone pendant les nuits d'accalmie, évoquaient le pays. C'est alors qu'un chef d'une des compagnies de Gratchikov s'était fait tuer. Comme toujours, on prenait les officiers d'état-major pour boucher les trous et Fédor Mikhéévitch avait été envoyé provisoirement à ce poste. Ce « provisoire » devait durer deux jours, au bout desquels il avait été blessé ; à sa sortie de l'hôpital, il avait été affecté à une autre division.

A présent, en attendant d'être reçu, il se disait que toutes les tuiles lui tombaient régulièrement sur la tête dans les derniers jours d'août : c'était le 29 août, c'est-à-dire la veille, qu'il avait été blessé en 1942, au bataillon Gratchikov. Et en 1944, c'était un 30 août. Justement le jour d'aujourd'hui.

On sortait du bureau et on vint appeler Fédor Mikhéévitch.

— C'est une catastrophe, Ivan Kapitonovitch ! prévint le directeur avant même de franchir le seuil, d'une voix sourde, enrouée. Une catastrophe !...

Il s'assit sur une chaise (Gratchikov avait fait retirer de son bureau tous ces fauteuils dans lesquels ses visiteurs complètement noyés avaient juste le bout du menton qui arrivait à la hauteur de la table) et se mit à exposer l'affaire. Gratchikov, la tête inclinée sur la main, la joue calée dans la paume, écoutait.

La nature avait taillé à coups de serpe le visage du

secrétaire, lui laissant d'épaisses lèvres, un gros nez, de grandes oreilles. Mais bien qu'il eût les cheveux bruns et une mèche qui pendait de travers, ce qui lui donnait une mine redoutable, l'ensemble de son visage avait un type russe tellement affirmé que même si on lui avait mis sur le dos n'importe quel costume ou uniforme étranger, on l'aurait toujours pris au premier coup d'œil pour un garçon de chez nous.

— Dis-moi un peu, reprit le directeur en émoi, n'est-ce pas stupide enfin ? Je ne dis pas pour le collège, mais du point de vue de l'Etat, n'est-ce pas stupide ?

— C'est stupide, affirma avec assurance Gratchikov sans changer de position.

— Ecoute, je vais te dire à combien reviendront les transformations, j'ai calculé ça à vue de nez. L'ensemble du bâtiment coûte quatre millions, n'est-ce pas ? Si les transformations ne se montent pas à deux millions, il y en aura au bas mot pour un million et demi, tiens, regarde...

Il lut sur son calepin la nomenclature des travaux et leur prix de revient approximatif. Plus il allait, plus il se sentait sûr de son bon droit.

Gratchikov immobile, calme, l'écoutait et réfléchissait. Il avait confié un jour à Fédor Mikhéévitch que ce qui lui semblait la plus grande délivrance après cette maudite guerre était de ne plus avoir à prendre les décisions tout seul et séance tenante et, quant à savoir si elles étaient justes ou non, ça on le verrait dans l'autre monde. Gratchikov aimait beaucoup résoudre les problèmes sans se presser, après mûre réflexion, il aimait écouter les avis des autres. Il répugnait à mettre fin aux entretiens et réunions à coup d'injonctions ; il s'efforçait de convaincre à fond ses interlocuteurs jusqu'à ce qu'il entendît : « Oui, c'est juste », ou qu'on l'eût persuadé qu'il n'avait pas raison. Même si on lui tenait farouchement tête, il gardait un ton affable et posé. Bien entendu, tout cela lui prenait beaucoup de temps ; Knorozov, le premier secrétaire, avait vite noté ce travers et, employant une de ces formules laconiques et sans appel qui étaient son propre, il lui avait lancé un jour : « Tu n'es qu'une chiffe molle et pas un dirigeant ! Ton style de travail n'est pas soviétique ! » Gratchikov ne s'était pas laissé démonter : « Pourquoi, au contraire. Un Soviet est un " conseil ". Je travaille en " conseil ", je prends conseil du peuple. »

Gratchikov avait été élu au comité à la dernière conférence de la ville ; l'usine où il occupait le poste de secrétaire de section venait de remporter des succès aussi marquants que nombreux.

— Est-ce que tu as entendu parler de cet Institut de recherches ? D'où est-ce qu'il sort, celui-là ?

— Oui, j'en ai entendu parler.

Gratchikov tenait toujours sa tête calée dans sa main :

— Il en était déjà question ce printemps. Après, ça a traîné en longueur.

— Ah ! oui, déplora le directeur du collège. Si Khabalyguine avait signé la prise de possession, nous aurions emménagé le 20 août et après, plus moyen de nous déloger.

Il y eut un silence.

Et dans ce silence, Fédor Mikhéévitch sentit se dérober sous ses pieds et sous ses mains le sol ferme qui le soutenait un instant plus tôt. Le million et demi de transformations n'avait pas ébranlé le bureau. Gratchikov ne s'était pas précipité les deux mains sur deux téléphones, il n'avait ni bondi sur ses jambes ni couru nulle part.

— Et alors ? C'est très important comme institut, dis ? demanda Fédor Mikhéévitch d'une voix altérée.

Gratchikov poussa un soupir :

— Du moment qu'il a une boîte postale, il n'y a pas d'explications à demander. Tout est important chez nous.

A son tour, le directeur poussa un soupir.

— Mais que peut-on faire, dis, Ivan Kapitonovitch ?

Ils vont avoir l'arrêté gouvernemental et alors tout sera dans le lac. Il le leur faut dans les deux jours, c'est tout le temps qui nous reste.

Gratchikov réfléchissait.

Fédor Mikhéévitch se tourna encore un peu plus vers lui, au point qu'il cala ses genoux contre la table, s'y appuya et soutint sa tête des deux mains.

— Ecoute ! Et si on adressait un télégramme directement au Conseil des ministres. Le moment est on ne peut mieux choisi, la liaison de l'enseignement avec la vie... Signé par moi, je n'ai pas peur.

Gratchikov le considéra une petite minute avec beaucoup d'attention. Et son masque sévère s'effaça en un clin d'œil, se métamorphosa en un sourire de solidarité. Gratchikov se mit à parler comme il l'affectionnait, en phrases légèrement chantonnantes, longues et bien tournées, teintées d'une nuance accueillante.

— Fédor Mikhéévitch, mon cher, mon bon ami, mais un arrêté gouvernemental, comment est-ce que tu vois ça ? Tu t'imagines que le Conseil des ministres au grand complet est en train de siéger à une longue table, à discuter de ce qu'ils vont faire de tes locaux ? Parce que figure-toi, ils n'ont rien d'autre à faire. Et juste à ce moment-là on leur apporte ton télégramme ?... Un arrêté gouvernemental, cela signifie que, sous peu, ce ministre ou ce président du Comité doit être reçu par un des vice-présidents. Le ministre va faire son rapport avec pas mal de papiers et il dira entre autres : " Eh bien, comme vous le savez, cet Institut est de première importance, il a été décidé de l'installer dans cette ville et justement, il y a un bâtiment tout prêt. " Alors le vice-président demandera : " Pour qui a-t-il été bâti ? " Et le ministre : " Pour un collège technique, mais ce collège dispose de locaux tout à fait corrects, nous avons envoyé une commission qualifiée, les camarades ont étudié la question sur place. " Avant d'apposer sa signature, le vice-président demandera : " Le comité régional n'y voit pas d'objections ? " Le comité régional du parti, tu comprends ! Ton télégramme, il sera retourné ici avec la mention : " Vérifiez les faits. " »

Gratchikov fit claquer ses grosses lèvres.

— C'est à l'échelon local qu'on doit examiner cela, tout dépend du comité régional.

Maintenant il avait posé la main sur le récepteur du téléphone sans toutefois le soulever encore.

— Ce qui ne me plaît guère, c'est que l'instructeur du comité régional était présent et qu'il n'a élevé aucune objection. Si Knorozov a lui aussi donné son assentiment, c'est mauvais signe, mon vieux. Il ne revient jamais sur ses décisions.

Bien entendu, Gratchikov craignait quelque peu Knorozov ; qui, d'ailleurs, ne le craignait dans la région ?

Il souleva le récepteur.

— Konevski ?... Ici Gratchikov. Ecoute, est-ce que le camarade Knorozov est chez lui ? Et quand sera-t-il de retour ? Ah ! bon... si par hasard il rentrait aujourd'hui, dis-lui que je le prie instamment de me recevoir... Au besoin j'irais même le voir ce soir de chez moi...

Il raccrocha et roula avec la paume de la main le récepteur sur son support, d'un côté, de l'autre, par-ci, par-là. Il regarda le tronc de la pyramide noire du téléphone puis Fédor Mikhéévitch qui s'était pris la tête entre les mains.

— De manière générale, dit Gratchikov d'un ton de confidence, j'aime les collèges techniques. Oui, les collèges techniques, je les aime. Dans notre pays tout le monde court après les académiciens. Etre instruit cela signifie être au moins ingénieur. Or, ce dont notre industrie a le plus besoin, ce sont de techniciens. Et les collèges techniques sont relégués dans les fonds de cour, pas seulement le tien. Et vous, vous admettez des gosses comme ça (il plaça sa main à peine au-dessus de la table, non, Fédor Mikhéévitch n'avait jamais en réalité admis des gosses de cette taille), et quatre ans plus tard (il leva le pouce en signe d'admiration) il en sort des spécialistes comme ça. Tiens, le printemps dernier, j'ai assisté à la soutenance des projets de diplôme, tu te souviens ?

— Je me souviens, dit Fédor Mikhéévitch en inclinant tristement la tête.

Devant cette grande table où les affaires se réglaient sur le tapis vert et contre laquelle une deuxième était adjointe en croix, le langage d'Ivan Kapitonovitch était si bienveillant qu'il semblait que ces tables portaient non un écritoire, un porte-stylo, un calendrier, un presse-papier, des téléphones, une carafe, un plateau et un cendrier, mais des assiettes garnies de mets salés, frits ou en gelée, disposés sur une nappe blanche et que le maître de maison proposait à son invité de goûter à ces plats et même d'en emporter chez lui.

— Un garçon de dix-neuf ans et c'est peut-être la première fois de sa vie qu'il met une cravate, avec une veste, pas du même costume que les pantalons — au fait est-ce la mode ? — et il couvre le tableau de croquis, expose sur la table un régulateur-indicateur-calibreur qu'il a fabriqué de ses propres mains, cet indicateur crépite, clignote, le garçon marche en promenant sa baguette sur les croquis, comme il fait ça vite et bien, ma parole, je me suis senti jaloux ! Ces mots qu'il emploie, ces notions : défauts des indicateurs existants ; principe de fonctionnement du mien ; notre propos est d'examiner la force du courant anodique ; les indications des capteurs ; le rendement, le coefficient de concordance avec les constructions existantes. Et Dieu sait quoi encore. Sacré petit gars, va ! Et moi, de ma place, je m'en voulais. Un demi-siècle que tu es sur terre et ton métier à toi, qu'est-ce que c'est ? J'ai fait marcher un tour dans le temps ? Ces tours-là, il y a longtemps qu'on les a envoyés à la casse. Je connais l'histoire du parti et la dialectique marxiste ? Mais tout le monde doit les connaître. Ça ne nous donne pas la moindre supériorité pour autant. Halte-là ! Nous sommes à une époque où sans métier, on n'est pas un vrai dirigeant. C'est des petits gars comme celui-ci qui menaient la danse à l'usine où j'étais. Quelle voix faudrait-il que je prenne pour lui demander d'élever la productivité ? C'est moi qui me remplissais les yeux et les oreilles. Ah ! si j'avais quelques années de moins, j'irais avec plaisir à ton collège, tiens, aux cours du soir...

Voyant le désespoir du directeur, il ajouta en riant :

— ... dans le vieux bâtiment !

Mais la boutade ne dérida pas Fédor Mikhéévitch. Il enfonça à nouveau sa tête dans les épaules et demeura comme hébété.

A ce moment-là, la secrétaire vint rappeler qu'un visiteur attendait Gratchikov.

CHAPITRE V

Personne n'avait rien annoncé aux étudiants, pourtant le lendemain matin tous étaient déjà au courant.

Le temps se fit maussade dans la matinée. Un vent de pluie soufflait.

Ceux qui arrivaient au collège se groupaient dehors, mais il y faisait froid. L'entrée des salles de cours était interdite, les étudiants de service étaient en train de nettoyer, l'accès des laboratoires était rigoureusement condamné, on y procédait aux installations et les étudiants, une fois de plus, se rassemblèrent, s'agglutinèrent dans l'escalier.

Un mugissement s'élevait. Les jeunes filles poussaient soupirs et lamentations. On ne parlait que du bâtiment neuf, du foyer, des chambres à louer. Michka Zimine, un petit costaud célèbre par ses performances de terrassier, brailla à tue-tête :

— Eh bien, alors, les copains, c'est pour rien qu'on a fait les bourricots ? Pour rien à ce que je vois ? Pas vrai, Igor ? Qu'est-ce que tu vas nous expliquer maintenant ?

Igor, le membre du comité, le petit noiraud à chemise à carreaux marron et rouge, qui avait établi la liste des groupes chargés de déménager les laboratoires, se tenait, la mine contrite, en haut, sur le palier.

— Attends un peu, on va tirer ça au clair...

— Qui ?

— Eh bien, nous, quoi... Peut-être qu'on va envoyer une lettre quelque part...

— C'est une idée, ça, les filles, dit d'un ton décidé une jeune fille, à la raie toute fine, au visage grave d'élève appliquée. Envoyons une réclamation à Moscou. Vous croyez qu'on n'obtiendra pas satisfaction ?

C'était pourtant une petite bien sage, mais elle était au bout du rouleau, prête à abandonner ses études : elle ne pouvait plus continuer à prélever sur le montant de sa bourse les soixante-dix roubles que lui coûtait la location d'un lit pliant.

— Il faudrait écrire quelque chose d'envoyé ! dit en tapant la rampe du plat de la main une de ses camarades, une fille séduisante, aux fines boucles noir de jais, vêtue d'un ample blouson de sport. Et on y met nos neuf cents signatures !

— Très bien !...

— Très juste !...

— D'abord, renseignez-vous pour savoir si on peut collecter des signatures, lança de l'autre côté une voix désireuse de refréner leur ardeur.

Valka Rogozkine, le meilleur en athlétisme, champion du cent et quatre cents mètres, champion du saut et roi des braillards était couché sur la rampe de l'escalier : une jambe posée sur une marche, l'autre passée par-dessus la rampe sur laquelle il appuyait la poitrine ; ses bras eux aussi enlaçaient la rampe, le menton reposait sur ses mains et, dans cette position, jambes écartées, indifférent aux « chut » des filles, il regardait Igor là-haut, tandis que Valia Gougouev, un garçon très calme, au teint basané et aux larges épaules était intrépidement juché à l'angle de la rampe, ignorant les six mètres de vide dans son dos.

— Ecoutez-moi, eh ! cria d'une voix perçante Valia Rogozkine. Tout ça, c'est de la blague. Il vaut mieux ne pas venir en classe demain, tous comme un seul homme !

— On ira au stade ? crièrent des voix.

— Qui est-ce qui t'en donnera la permission ? demanda Igor sur ses gardes.

— De qui faut-il la permission ? répliqua Rogozkine en faisant les yeux ronds. Bien sûr qu'on l'aura pas, la permission. Mais nous, on ne viendra pas ! Pouvez être tranquilles, les gars, brailla-t-il de plus en plus lancé, et il reprit un ton plus fort : dans quelques jours, ça sera une tout autre commission qui s'amènera, et en avion encore, on nous rendra notre bâtiment et on nous en redonnera un en supplément.

Il y eut une certaine agitation.

— On ne nous retirera pas notre bourse ?

— Ce serait un peu fort de café !

— On risque de se faire renvoyer !

— Ce n'est pas une méthode ! cria Igor plus fort que les autres. Ce n'est pas notre méthode ! Laissez tomber cette idée.

Le vacarme les empêchait de voir la mère Doussia monter les escaliers, son seau en fer galvanisé à bout de bras. Arrivée à la hauteur de Rogozkine, elle passa le seau dans l'autre bras, brandit le premier et lui aurait volontiers appliqué ses cinq doigts sur le bas du dos s'il ne l'eût aperçue avant et n'eût lestement sauté sur les marches, si bien que la main de la mère Doussia ne fit que l'effleurer tout doucement.

— Hé, hé, mère Doussia ! clama-t-il.

Il la menaça du doigt en manière de plaisanterie.

— Ce n'est pas une méthode. Moi, la prochaine fois !...

— Essaie un peu de t'allonger comme ça la prochaine fois ! dit la mère Doussia en le menaçant à son tour. Je te foutrai une torgnole que tu ne t'en relèveras pas ! Une rampe, à quoi ça sert, veux-tu me le dire ?

Tous partirent de rire. Au collège on aimait beaucoup la mère Doussia pour son caractère décidé.

Elle gravit les marches, écartant les étudiants. Son visage, tout sillonné de rides, était mobile et se terminait en un menton volontaire. Elle était probablement digne d'un meilleur emploi que celui qu'elle occupait.

— Ça, c'est de la blague, mère Doussia !

Michka Zimine l'arrêta avec cette expression fort en vogue chez les étudiants.

— Dites-nous un peu pourquoi est-ce qu'on nous retire notre bâtiment ?

— Tu ne sais pas ? feignit la mère Doussia. C'est qu'il y a une floppée de parquets. A les astiquer tous, il y aurait de quoi devenir cinglé.

Et elle repartit au tintement de son seau.

Il y eut un éclat de rire général.

— Ho, Valia ! Montre-nous ce que tu sais faire, dirent à Gougouev les garçons du haut du palier voyant arriver un nouveau groupe de jeunes filles. Voilà Lucia.

Valia Gougouev sauta de l'angle de la rampe, écarta ses voisins, se planta la mine très grave devant la section de la rampe droite du haut, cala ses paumes, se mit en position, serra les mains et imprima brusquement à ses jambes une légère détente qui propulsa dans les airs son corps agile et, d'un mouvement souple et sûr, il fit un équilibre renversé au-dessus du vide.

C'était un tour à se tuer.

L'escalier s'arrêta coi. Tous renversèrent la tête en arrière. Les garçons le regardaient avec respect, les filles extasiées s'immobilisèrent, glacées d'effroi.

La jeune Lucia qui était la cause de l'exhibition avait déjà gravi quelques marches ; elle se retourna et ses yeux bleus écarquillés étaient fixés tout en haut, à l'endroit où le garçon, la tête en bas, s'écraserait droit sur elle et sur les pierres s'il tombait — mais il ne tomba pas ! — ; le garçon, oscillant imperceptiblement, le corps presque immobile, tenait son équilibre au-dessus de la cage d'escalier et ne semblait pas le moins du monde pressé de quitter cette position. Par surcroît, il présentait au vide son dos sans défense, ses jambes jointes tendues de tout leur long étaient arquées au-dessus de l'abîme, comme par défi, et sa tête, eh bien sa tête tout en bas était, elle aussi, retournée vers le dos, de sorte que Valia pouvait regarder Lucia, toute mince et menue, serrée dans son petit imperméable clair, sans béret, ce qui lui allait si bien, avec ses cheveux blonds courts, mouillés par la pluie.

Mais au fait la distinguait-il ? Même dans la pénombre de l'escalier on voyait le visage et le cou de l'intrépide acrobate se gonfler de sang.

Soudain des avertissements fusèrent, étouffés :

— Gaffe ! Gaffe !

Gougouev culbuta instantanément sur le palier, atterrit moelleusement sur ses jambes et s'accouda à la rampe d'un air innocent.

Avec une exhibition de ce genre, sa bourse risquait de sauter, comme la fois où il avait mis en marche dix minutes avant l'heure la sonnerie dans tout le collège (ils avaient peur d'arriver en retard au cinéma).

Grigori Lavrentiévitch, le censeur, long comme un jour sans pain, la mine bourrue, montait l'escalier qui n'avait pas encore repris son animation et où les étudiants lui cédaient docilement la place.

Il avait entendu le « gaffe », il savait qu'on prévenait ainsi de l'approche d'un danger et comprenait que le silence qui l'accueillait était anormal. Mais il ne repéra pas le coupable.

D'autant plus que Rogozkine, toujours bon premier chaque fois qu'il fallait entamer une discussion, lui était tombé dessus :

— Grigori Lavrentiévitch, criait-il brusquement, d'un bout à l'autre de l'escalier. Pourquoi est-ce que vous leur avez rendu notre bâtiment ? C'est nous qui l'avons construit !

Et dans l'attente de la réponse, il pencha la tête sur le côté, mimant le parfait imbécile. Il était arrivé de l'école primaire avec cette manie d'amuser la galerie, surtout pendant les cours.

Tous gardaient le silence et attendaient la réponse du censeur.

Dans l'enseignement c'est comme cela toute la vie : il faut faire constamment preuve de présence d'esprit, seul devant tout le monde, et chaque fois c'est autre chose.

Grigori Lavrentiévitch fixa un long regard scrutateur sur Rogozkine qui le soutint sans cesser pour autant de garder la tête de côté.

— Eh bien voici, dit lentement le censeur. Tu vas terminer tes études. Hum... hum... je n'en suis pas bien sûr !

— C'est aux compétitions que vous faites allusion ? répliqua d'un trait Rogozkine.

(Chaque printemps et chaque automne, il séchait une bonne partie des cours pour participer aux compétitions, une fois à l'échelle de la région, une autre fois à l'échelle de la Russie. Néanmoins, il arrivait à se rattraper et obtenait toujours la moyenne.)

— Vous n'avez pas raison, non ! Et si vous voulez le savoir, ça mûrit là-dedans (il fit tourner comiquement son doigt sur sa tempe), mes idées de projet de fin d'études.

— Pas possible ? Mais c'est très bien. Bon, et quand tu auras fini tes études, où iras-tu travailler ?

— Là où on m'enverra ! claironna-t-il avec un entrain forcé, la tête droite, le corps droit, comme un soldat à son officier.

— Il se peut qu'on t'envoie dans le bâtiment en question. Ou que ce soit d'autres qui y aillent. Ainsi vous n'aurez pas travaillé pour rien. Tout sera à vous.

— Oh ! ça c'est épatant ! Je suis d'accord ! Merci ! dit Rogozkine, content, mais content...

Le censeur reprit son chemin. Mais il n'avait pas encore atteint le couloir que Rogozkine se ravisait aussi vite :

— Et puis non ! Grigori Lavrentiévitch ! J'ai changé d'avis. Je ne veux pas y aller.

— Et où donc veux-tu aller ?

— Sur les terres vierges, cria Rogozkine.

— Eh bien dépose une demande, répondit le censeur avec un semblant de sourire.

Et il prit le couloir qui conduisait au bureau du directeur.

Fédor Mikhéévitch était absent : la veille, il n'avait pas été reçu au comité régional et aujourd'hui il y était retourné. Les quelques professeurs qui attendaient le coup de fil du directeur avaient déjà perdu tout espoir.

Çà et là, les gouttes de pluie venaient s'écraser sur les vitres. Le terrain bosselé qui séparait le collège du passage à niveau s'imbibait d'humidité et prenait un ton sombre.

Les chefs de sections, penchés sur les emplois du temps, se passaient crayons de couleur et gommes, occupés à mettre au point la répartition des salles, des heures et du personnel. Iakov Ananiévitch, le secrétaire du parti, assis à une petite table devant la fenêtre, près de son coffre-fort, était plongé dans ses classeurs. Lidia Guéorguievna se tenait debout à la même fenêtre. Les femmes sont douées d'une étonnante versatilité ; elle si gaie, vive et jeune la veille paraissait aujourd'hui vieillie, souffrante. Elle n'était plus vêtue de bleu-vert mais de sombre.

Iakov Ananiévitch, pas très grand, le crâne dégarni, mais fort soigneux de sa personne, bien rasé, la peau des joues rose, parlait sans quitter son travail : il feuilletait chacun des papiers sans les froisser, comme s'il s'agissait d'un être vivant, et s'il tenait un papier pelure, ses gestes étaient presque tendres.

Il avait une voix très douce, faible, en même temps que sentencieuse :

— Non, camarades. Non. Pas d'assemblée générale. Nous ne ferons pas de réunions par section ou par année, ni même par classe. Cela reviendrait à centrer l'attention de manière excessive. Il n'y a pas de raisons à cela. Quant à être informés, ils le seront toujours, par ouï-dire…

— Mais ils le sont déjà, objecta le censeur. Ce sont des explications qu'ils demandent.

— Eh bien, répliqua tranquillement Iakov Ananiévitch sans voir là aucune contradiction, vous pouvez donner une réponse dans les entretiens non officiels, c'est inévitable. Quelle réponse ? Il faut répondre ainsi : c'est un institut d'importance majeure pour la patrie. Il est spécialisé dans la même branche que nous ! A l'heure actuelle, l'électronique est la base du progrès technique, personne ne doit lui opposer d'obstacles, il faut au contraire lui déblayer la voie.

Un silence général suivit et Iakov Ananiévitch feuilleta avec délicatesse deux ou trois autres papiers sans trouver celui qu'il cherchait.

— Et enfin, on peut s'abstenir de toute explication de ce genre et donner une réponse concise : cet institut est d'importance nationale et ce n'est pas à nous autres de juger le bien-fondé de l'opération.

Il tourna quelques feuillets, aperçut celui qu'il cherchait et leva une autre fois ses yeux clairs et sereins :

— Des réunions ? Procéder à un examen spécial de la question ? Non, ce serait une faute politique. Plus encore : si les étudiants ou le comité du Komsomol insistaient pour organiser des réunions, il faudrait les détourner de ce projet.

— Je ne suis pas d'accord ! s'exclama Lidia Guéorguievna en se tournant avec vivacité vers lui et tous ses cheveux rejetés en arrière, coupés au ras de la nuque, frémirent.

Iakov Ananiévitch lui adressa un regard de raison et lui demanda, toujours avec la même délicatesse :

— Mais avec quoi pouvez-vous n'être pas d'accord, Lidia Guéorguievna ?

— Tout d'abord, avec — elle avança le corps, la main et la tête —, avec, tout d'abord… Eh bien, avec votre ton ! Non seulement vous êtes résigné mais vous semblez satisfait ! Oui, tout bonnement *satisfait* qu'on nous ait retiré nos locaux !

Iakov Ananiévitch écarta les mains, oui, seulement les mains et pas les bras :

— Mais voyons, Lidia Guéorguievna, si c'est une nécessité d'importance nationale, pourquoi voudriez-vous que je ne sois pas satisfait ?

— Et surtout, je ne suis pas d'accord avec votre principe ? Votre principe lui-même !

Incapable de tenir en place, elle se mit à marcher dans le bureau exigu, agitant les bras.

— Aucun de vous n'a affaire autant que moi aux jeunes, parce que moi, je suis du matin au soir avec les komsomols ! Et je vois très bien comment ils vont prendre ce que vous préconisez : ils jugeront — et ils auront parfaitement raison — que la vérité nous fait peur ! Jouirons-nous de leur estime ?... Ainsi, quand il nous arrive quelque chose de bien, nous l'annonçons partout, nous le placardons sur les murs, nous le diffusons à la radio, n'est-ce pas ? Mais quand il s'agit de quelque chose de mauvais ou de désagréable, eh bien, ils n'ont qu'à l'apprendre comme ils le veulent, qu'à en parler à voix basse comme ils le veulent. Non !

Sa voix retentit, mais, hélas, pour la seconde fois en vingt-quatre heures, arriva au bord des larmes.

— Non ! On ne peut pas agir ainsi, surtout avec les jeunes ! Lénine disait : « N'ayez pas peur de rendre la vérité publique ! C'est un glaive salvateur ! »

Les larmes lui serrèrent la gorge au mauvais moment et elle sortit précipitamment pour éviter d'éclater en sanglots.

Iakov Ananiévitch la suivit d'un regard navré et, les yeux fermés, d'un air de vive douleur, hocha la tête.

Lidia Guéorguievna avançait à pas rapides dans la pénombre du couloir et serrait dans sa main son mouchoir roulé en boule. Ici et là, les étudiants faisaient le nettoyage, emportaient les panneaux de l'an passé avec les scores de l'émulation socialiste, les caricatures des tire-au-flanc, les journaux muraux.

Le couloir s'élargissait devant le réduit où étaient entreposées les caisses de tubes du cours de vacuum ; et là, deux garçons de troisième année l'interpellèrent ; ils avaient décroché la maquette et ne savaient plus qu'en faire, cette fameuse maquette qu'ils exhibaient en tête de leur groupe au bout de quatre perches, aux manifestations de la Révolution d'Octobre et du 1er Mai.

Le nouveau collège reposait sur les caisses ; comme ils le connaissaient, comme ils l'aimaient jusque dans les moindres détails, et il était là, vivant sous leurs yeux, blanc, teinté aux endroits voulus de reflets bleu et vert ; avec ses deux demi-tours bien à lui, montés sur pilastres ; ses entrées, la grande et la petite, ses immenses baies de la salle des fêtes et le compte exact de fenêtres ordinaires aux trois étages, chacune de ces fenêtres étant déjà destinée à celui-ci ou celui-là.

— Peut-être qu'il faut la... ? demanda un des garçons en évitant de la regarder dans les yeux et en se dandinant d'un air fautif... la démolir ? Ben quoi ? On n'a déjà pas la place de se retourner...

CHAPITRE VI

IVAN Kapitonovitch Gratchikov n'aimait pas les souvenirs de guerre, les siens surtout. Et s'il ne les aimait pas, c'est parce qu'à la guerre il avait eu du mauvais à la pelle et du bon à la petite cuiller. Parce que chaque jour et chaque pas évoquaient, dans sa mémoire de lieutenant d'infanterie, souffrances, victimes, mort de braves gens.

Et il n'aimait pas non plus que plus de dix ans après la fin, on usât à tort et à travers du vocabulaire militaire. Jamais il ne disait à l'usine, il dressait les autres à ne pas dire : « Sur le front de l'offensive pour la propagation de la technique d'avant-garde... jetons dans la brèche... Forçons la ligne de défense... avançons les réserves... » Il estimait que toutes ces expressions qui introduisaient la guerre au cœur de la paix lassaient les gens. La langue russe saurait à merveille s'en passer.

... Néanmoins, ce jour-là, il fit une entorse à sa règle de conduite. Il attendait dans l'antichambre du premier secrétaire du comité régional en compagnie du directeur du collège (et pendant ce temps, d'autres l'attendaient dans sa propre antichambre). Gratchikov était nerveux, il commença par téléphoner à sa secrétaire, puis fuma deux cigarettes. Il observa la tête de Fédor Mikhéévitch mélancoliquement engoncée, et il crut remarquer que les cheveux blancs qui occupaient la veille moins de la moitié du crâne envahissaient l'autre moitié aujourd'hui.

Et pour le distraire de sa douleur, Gratchikov se mit à lui raconter une histoire amusante arrivée à des camarades qu'ils connaissaient l'un et l'autre, durant les brèves journées où leur division était au repos dans l'échelon d'appui. Cela se passait en 1943, après que Fédor Mikhéévitch eut été blessé.

Il se donnait du mal en pure perte, Fédor Mikhéévitch ne riait pas. Il le savait bien, pourtant, qu'il vaut mieux ne pas raviver les souvenirs de guerre. De fil en aiguille, il se rappela malgré lui ce qui s'était passé le lendemain, jour où la division avait reçu l'ordre de traverser d'urgence le Soj et de déployer ses formations.

Le pont avait sauté. Les sapeurs l'avaient réparé la nuit et Gratchikov, posté à l'entrée, avait reçu l'ordre de ne laisser passer personne avant que la division ne l'ait franchi. Le pont était étroit, les bords effrités, le tablier inégal, il fallait marcher en formation diluée parce que des Junkers monomoteurs sortis de la forêt étaient venus rôder à deux reprises au-dessus du pont et dans une descente en piqué s'étaient délestés de leurs bombes, lesquelles, il faut le dire, étaient tombées à l'eau. Le franchissement, commencé avant le lever du soleil, n'était pas encore fini en début d'après-midi. D'autres unités, elles aussi désireuses de passer le fleuve, s'étaient agglutinées, mais elles attendaient leur tour dans un bois de sapin clairsemé. Et voici qu'avaient débouché à la queue leu leu quelques voitures toutes neuves, bâchées (« cachées », disait l'ordonnance de Gratchikov) qui, remontant toute la colonne, étaient venues s'engager sur le pont. « Halte-là ! » hurla Gratchikov, furibond, au premier chauffeur et il courut lui barrer la route. Mais l'autre roulait toujours. La main de Gratchikov faillit saisir son étui-revolver et peut-être même le saisit-elle pour de bon. A ce moment-là, un vieil officier, une cape imperméable sur le dos, ouvrit la portière de la première voiture et cria sur le même ton : « Ici, commandant, et que ça saute ! » et sa cape rejetée d'un mouvement de l'épaule révéla sa qualité de général. Gratchikov était accouru, intimidé. « Où as-tu porté la main ? criait, menaçant, le général. Tu veux être traduit devant le tribunal ? Allez, laisse passer mes voitures ! » Tant que l'autre n'avait pas jeté cet ordre, Gratchikov était prêt à fournir toutes les explications voulues à l'amiable, sans cris, et il l'eût laissé passer. Mais dès l'instant que la justice et l'injustice se heurtaient de front (et la nature avait doté la seconde d'un front plus dur), les jambes de Gratchikov prirent brusquement racine et il éprouva une sorte d'indifférence pour son sort. Au garde-à-vous, la main à la visière, il déclara : « Non, je ne vous laisserai pas passer, camarade général. — Comment ? vociféra le général en descendant sur le marchepied. Ton nom ? — Commandant Gratchikov, camarade général. Puis-je vous demander le vôtre ? — Demain même, tu seras au bataillon disciplinaire ! tonna l'autre. — Très bien, mais aujourd'hui, prenez votre tour ! » rétorqua Gratchikov ; il se planta devant le capot de la voiture, sentant que son visage et son cou se gonflaient de sang à en noircir, mais sachant aussi qu'il ne céderait pas. Le général se drapa dans son ire, réfléchit, referma la portière, et ses six voitures firent demi-tour…

Finalement, un petit groupe sortit de chez Knorozov, des membres de la direction de l'agriculture et de la section agricole du comité régional. Konevski, le secrétaire de Knorozov (il avait si fière allure et sa table de travail était si encombrée de papiers qu'un non-initié l'aurait fort aisément pris pour le secrétaire du comité régional), entra dans le bureau et en ressortit.

— Le camarade Knorozov vous recevra seul, déclara-t-il péremptoirement.

Gratchikov adressa un clin d'œil à Fédor Mikhéévitch et entra dans le bureau.

Le zootechnicien-chef était encore auprès de Knorozov. Le cou dévissé autant que faire se peut, le corps entier tourné à fond comme s'il avait des os élastiques, le zootechnicien tenait les yeux fixés sur une grande feuille de papier déployée devant Knorozov et bariolée de jolis diagrammes et de chiffres de toutes les couleurs.

Gratchikov les salua.

Knorozov, grand homme au front dégarni, ne se tourna pas vers lui, mais le regarda du coin de l'œil :

— Toi, tu n'as pas l'agriculture sur le dos ! Et tu viens me harceler ! Tu ferais mieux de rester en paix.

Souvent, il lançait en reproche à Gratchikov des considérations sur l'agriculture, comme si l'industrie urbaine ne méritait pas le pain qu'elle mangeait. Actuellement, Gratchikov le savait, Knorozov s'était mis non seulement en tête d'axer son activité sur l'agriculture, mais encore de s'y tailler la célébrité.

— Voilà, dit Knorozov au zootechnicien, baissant d'un geste lent et important ses cinq longs doigts disposés en arc de cercle sur la grande feuille de papier, comme s'il y apposait un sceau géant.

Assis bien droit, sans avoir besoin de s'appuyer contre le dossier de son fauteuil, des lignes nettes, dures, délimitant le contour de sa silhouette vue de face comme de profil.

— Voilà, répéta-t-il. Je vous dis ce qu'il vous faut à présent. Et ce qu'il vous faut, c'est ce que je vous dis.

— Très bien, camarade Knorozov, dit le zootechnicien-chef en s'inclinant.

— Prenez.

Knorozov lâcha le papier.

Le zootechnicien le ramassa avec précaution, des deux mains, le roula et, tête baissée, crâne chauve en avant, traversa ce très vaste bureau, rempli d'un tas de chaises, conçu pour une assistance nombreuse.

Croyant qu'il devrait aller chercher le directeur,

Gratchikov ne s'assit pas, s'appuyant simplement au dossier du fauteuil en cuir.

Même derrière sa table de travail, Knorozov en imposait par sa belle stature. Sa longue tête le grandissait encore. Bien qu'il fût loin d'être jeune, sa calvitie ne le vieillissait pas, elle le rajeunissait. Il ne faisait jamais un mouvement inutile, la peau de son visage ne bougeait pas sans nécessité absolue, si bien que son visage semblait moulé une fois pour toutes et ne traduisait pas les petites impressions passagères. Que ce visage fût affublé d'un sourire et il perdrait son harmonie, sa perfection.

— Camarade Knorozov, dit Gratchikov en articulant chaque syllabe.

Sa voix chantonnante semblait inviter son interlocuteur à la clémence.

— Je n'en ai pas pour longtemps. Le directeur et moi nous sommes venus au sujet du collège de l'électronique. Une commission arrivée de Moscou a déclaré que les locaux neufs vont être remis à l'Institut de recherches. Vous le saviez ?

Knorozov ne regardait toujours pas Gratchikov, mais fixait devant ses yeux un lointain horizon visible pour lui seul ; il entrouvrit les lèvres, juste ce qu'il fallait, et répondit d'un ton tranchant :

— Oui.

Sur ce mot la discussion était close.

Oui ?

Oui.

Knorozov mettait son point d'honneur à ne jamais revenir sur ses paroles. Telle jadis la parole de Staline à Moscou, la parole de Knorozov aujourd'hui encore dans la région ne connaissait ni changement ni contrordre. Staline n'existait plus depuis longtemps, mais Knorozov était toujours là. C'était un des représentants en vue du « style de direction dure », et il considérait ce principe comme son mérite essentiel. Il ne concevait pas qu'on pût diriger de quelque autre manière.

Gratchikov sentait l'émotion le gagner et il s'obligeait à prendre un ton de plus en plus courtois, de plus en plus amical.

— Mais, camarade Knorozov, pourquoi est-ce qu'ils ne se construiraient pas un bâtiment spécialement adapté à leurs besoins ? Rien qu'avec les transformations intérieures...

— Le temps ! l'interrompit Knorozov. Ils ont déjà reçu leurs plans de recherche. L'établissement doit ouvrir immédiatement.

— Mais est-ce que cela justifie ces transformations ? Et...

Il se hâtait de peur que Knorozov ne mît fin à l'entretien.

— ... Et surtout, l'aspect éducatif de la chose ! Les élèves du collège ont travaillé un an, sans la moindre rétribution, avec un bel enthousiasme, ils...

Knorozov tourna la tête — la tête seulement, pas les épaules — du côté de Gratchikov et avec des accents métalliques dans la voix :

— Je ne comprends pas. Toi, le secrétaire du comité de la ville, est-ce à moi de t'expliquer comment tu dois te battre pour défendre l'honneur de la ville ? Il n'y a pas, et il n'y a jamais eu un seul Institut de recherches dans notre ville. Nos représentants ont eu assez de mal à l'obtenir. Il faut battre le fer tant qu'il est chaud, avant que le ministère ne change d'avis. Cela nous classera immédiatement dans une catégorie supérieure, sur un même plan que des villes comme Gorki, Sverdlovsk.

Il plissa les yeux. Peut-être voyait-il sa ville métamorphosée en Sverdlovsk ? Ou bien s'essayait-il, dans son intime, à de nouveaux postes haut placés ?

Mais ces phrases qui tombaient comme des poutres de fer n'avaient ni convaincu ni abattu Gratchikov ; il sentait au contraire venir un des instants décisifs de l'existence, un de ceux où les pieds semblent se sceller dans le sol, empêchant de reculer.

Parce que la justice et l'injustice s'affrontaient à ses yeux.

— Camarade Knorozov !

Il ne parlait pas, mais scandait lui aussi ses syllabes, plus brutal qu'il ne l'aurait voulu.

— Nous ne sommes pas des barons du Moyen Age pour tenir à dorer notre blason. L'honneur de notre ville, c'est que ces élèves ont construit leur collège, ils l'ont fait dans la joie, et nous devons les aider ! Si on le leur retire, ils garderont toute la vie l'idée d'avoir été trompés. Qui l'a été une fois peut l'être une autre fois !

— Nous n'avons pas à discuter ! et, plus grosse que les autres, une poutre double s'abattit. La décision a été prise.

Une lueur orange flamba dans les yeux de Gratchikov. Son cou et son visage injectés de sang devinrent bruns.

— Mais en fin de compte, à quoi tenons-nous le plus ? Aux pierres ou aux hommes ? s'écria Gratchikov. Pourquoi lésinons-nous sur ces pierres ?

Knorozov se dressa de tout son corps et il apparut qu'il était tout entier coulé dans l'acier, privé d'articulations.

— Dé-ma-go-gie ! tonna-t-il sur la tête du révolté.

Telle était sa volonté, sa force, qu'il lui eût suffi, semblait-il, d'allonger sa dextre pour que la tête de Gratchikov roulât à terre.

Parler ou se taire, cela ne dépendait déjà plus de Gratchikov. Il ne pouvait agir autrement.

— Ce n'est pas dans les pierres, c'est dans les hommes que nous devons édifier le communisme, cria-t-il avec enivrement. C'est plus long et plus dur ! Quand bien même nous aurions tout bâti demain dans des pierres, ce ne serait pas le communisme !

Ils se turent l'un et l'autre.

Ils étaient debout immobiles.

Gratchikov s'aperçut que ses doigts lui faisaient mal.

C'était parce qu'il s'agrippait au dossier du fauteuil. Il le lâcha.

— Tu n'es pas mûr pour le poste que tu occupes, fit d'une voix douce Knorozov. Cela nous avait échappé.

— Eh bien, je le quitte, tu parles d'une affaire ! répondit Gratchikov le cœur léger, parce qu'il avait dit l'essentiel. Je me trouverai du travail.

— Quel travail ? demanda Knorozov sur ses gardes.

— Simple manœuvre ! Tâchez de nous aimer, nous les simples ! clama Gratchikov à pleine voix.

A la vérité il était archidégoûté de ce style de travail. On ne le consultait pas, on n'examinait pas les problèmes, mais on lui dictait les directives d'en haut. Cela ne se passait pas ainsi à l'usine.

En un long sifflement, Knorozov laissa l'air s'échapper de ses dents serrées.

Il posa la main sur le récepteur téléphonique.

Le souleva.

S'assit.

— Sacha. Donne-moi Khabalyguine.

Il l'eut au bout du fil.

Pas un mot ici dans le bureau.

— Khabalyguine ? Dis un peu, qu'est-ce que tu vas en faire de ce bâtiment, il n'a pas les installations ?

(Quoi, ce serait Khabalyguine qui « allait en faire » ?)

— Comment pas très importantes ? Très importantes. Les délais, ça oui, je comprends... Pour l'instant te casser la tête sur un seul bâtiment, c'est bien assez pour toi...

(« Pour toi » ?)

— L'autre, je ne te le donnerai pas. Tu t'en feras construire un plus beau.

Il raccrocha.

— C'est bon, va appeler le directeur.

Gratchikov sortit en pensant à une nouvelle chose : Khabalyguine serait muté à l'Institut de recherches ?

Il revint avec le directeur.

Fédor Mikhéévitch se redressa et fixa du regard le secrétaire du comité régional. Il l'aimait. Il le portait perpétuellement aux nues. Il était heureux quand il assistait à une réunion avec lui où il pouvait puiser dans la volonté, l'énergie universelle de Knorozov, s'en imprégner. Et ensuite, jusqu'à la prochaine réunion il était plein d'entrain pour exécuter les tâches imposées à la précédente : élever le niveau des classes, arracher des pommes de terre ou ramasser de la vieille ferraille. Ce qui plaisait surtout à Fédor Mikhéévitch, c'était qu'avec Knorozov oui voulait dire oui, non voulait dire non. La dialectique était une chose, mais comme beaucoup d'autres, Fédor Mikhéévitch aimait les déterminations univoques.

Et, en ce moment, il venait moins contester qu'écouter la sentence.

— Alors quoi, on t'a fait des ennuis ? demanda Knorozov.

Fédor Mikhéévitch eut un faible sourire.

— Tiens haut la tête ! dit Knorozov d'une voix douce et ferme. Tu perds la boussole pour de pareils petits tracas ?

— Je ne perds pas la boussole, répondit Fédor Mikhéévitch d'une voix enrouée et il s'éclaircit la gorge.

— Le foyer est commencé à côté ? Eh bien, quand il sera fini, tu auras ton collège, compris ?

— Compris, oui, assura Fédor Mikhéévitch.

Mais, cette fois-ci, rien à faire, il ne se sentait pas ragaillardi. Des idées vinrent tourbillonner dans sa tête : l'hiver était à la porte ; encore une année scolaire à faire dans les anciens locaux, le nouveau bâtiment serait une fois de plus privé de salle de gymnastique et de salle des fêtes ; il n'aurait pas de foyer.

— Oui, mais seulement... osa dire à haute voix Fédor Mikhéévitch, le front soucieux. Il faudra modifier les plans. Les chambres sont toutes petites, des chambres à quatre lits, il faudra les transformer en salles de cours, en laboratoires...

— Vous ar-ran-ge-rez ça ! dit Knorozov, mettant fin à l'entretien d'un geste de la main. On pourrait au moins lui épargner des détails de cet ordre !

Tandis qu'ils se rendaient au vestiaire, Gratchikov tapota le dos du directeur :

— Tu vois, ça n'est pas si mal, mon vieux. Tu te le construiras, ton collège !

— Il faudra aussi renforcer le plafond des caves, dit Fédor Mikhéévitch, à qui les tracas apparaissaient en foule. A cause des machines. Par conséquent, il faudra démolir le rez-de-chaussée tel qu'il a été bâti.

— Ouais... dit Gratchikov. Imagine qu'on t'a donné un terrain bien situé, où les fondations seraient déjà creusées. Tu peux être sûr et certain qu'au printemps le bâtiment sera achevé et vous dedans, nous te donnerons un coup de main, le comité et le sovnarkhoze. Tu peux te féliciter qu'on ait au moins arraché ce deuxième bâtiment.

Ils sortirent dans la rue, tous deux en imperméables et casquettes foncés. Un vent frisquet mais agréable soufflait, porteur de fraîches gouttelettes.

— Dis-moi donc, demanda Gratchikov, la mine sombre, connais-tu la position de Khabalyguine au ministère ?

— Lui ? Oh ! là ! là ! Il y est très bien vu ! Il y a bien longtemps qu'il me dit qu'il a des pistons dans la place ! Tu crois qu'il aurait pu nous aider ? demanda Fédor Mikhéévitch, dans un élan d'espoir.

Mais il se contredit immédiatement :

— Non. S'il le pouvait, il aurait placé son mot pendant la visite de la commission. Or, il était d'accord...

Gratchikov se campa solidement sur ses jambes et regarda la rue dans toute sa longueur. Il redemanda :

— Qu'est-ce qu'il est ? Spécialiste dans le matériel de relais ?

— Lui, un spécialiste, jamais de la vie ! Il s'est aussi occupé des transformateurs. Non, c'est simplement un administrateur expérimenté.

— Est-ce que tu vois pourquoi il était avec la commission ?

— C'est vrai, ça...

Cette question venait à peine de surgir dans son cerveau embrumé depuis la veille.

— Pourquoi ?

— Bon, salut, fit Gratchikov avec un soupir.

Il lui tendit la main avec un grand geste et serra vigoureusement celle de Fédor Mikhéévitch.

Tout en rentrant chez lui, il ne cessait de penser à Khabalyguine. Un institut de ce genre, évidemment, ça n'avait rien à voir avec cette petite usine de relais. Pour le directeur, cela représentait un autre traitement, d'autres honneurs et, le cas échéant, les lauriers d'un prix d'Etat.

Pour sa part personnelle, Gratchikov en était arrivé à la ferme conclusion qu'il ne fallait pas attendre qu'un membre du parti en fût arrivé à violer la loi. Qu'il allait, séance tenante, chasser du parti ceux qui, sans se construire propriétés ou datchas luxueuses, cherchaient à tirer profit dans les moindres petites choses de leur situation, de leurs relations. On n'avait pas à leur faire des remontrances, à leur infliger un blâme public, la seule chose à faire c'était de les chasser, parce qu'il n'y avait pas un acte répréhensible, une faute, une faiblesse, mais une conscience totalement étrangère, un capitaliste sous le crâne.

On avait découvert et dénoncé dans le journal local un couple, lui chauffeur, elle institutrice, qui faisait pousser des fleurs dans son jardin pour aller les vendre au marché.

Oui, mais comment pincer Khabalyguine ?

Et Fédor Mikhéévitch repartit à pas lents pour se rafraîchir les esprits bien comme il faut. La nuit blanche, les deux doses de tranquillisant et toutes les préoccupations qui l'agitaient depuis vingt-quatre heures avaient déposé au fond de son être une certaine torpeur, un certain venin ; maintenant, grâce à cette petite brise, ils s'envolaient peu à peu de son corps, par menues bribes.

Bien, pensait-il, puisqu'il en est ainsi, nous repartirons de zéro. Nous rassemblerons nos neuf cents élèves pour leur expliquer : nous n'avons plus rien, mes petits. Il faut construire. Avec notre participation, cela ira plus vite.

Au début, il y aurait des grincements de dents.

Ensuite, ils se passionneraient une seconde fois, comme tout travail passionne.

Ils lui feraient confiance.

Et ils se mettraient à l'ouvrage.

Bon, on passera encore un an dans nos anciens locaux.

... Et, sans même s'en rendre compte, il se trouva devant le nouveau bâtiment, métal et verre étincelants.

Le second, à ses pieds, dépassait à peine le niveau de la terre, semé de sable et d'argile.

Les questions de Gratchikov sur Khabalyguine avaient agité dans son esprit sans malice un certain nombre de fils rompus, épars et voici soudain que leurs bouts venaient se nouer l'un à l'autre : cette manière de faire traîner jusqu'au mois d'août la prise en possession des locaux, la mine réjouie qu'il arborait pendant la visite.

Et, chose bizarre, celui sur qui les soupçons lui venaient en cours de route fut le premier qu'il avisa dans la grande cour, derrière le chantier : Vsévolod Borissovitch Khabalyguine était là, feutre vert bouteille et beau manteau marron, il foulait d'un pas résolu la terre glaise imbibée d'eau, sans craindre de crotter ses botillons et donnait ses ordres à plusieurs ouvriers, les siens, selon toute évidence. Deux ouvriers et le chauffeur déchargeaient d'un camion des poteaux déjà ternis, bien que fraîchement repeints, qui avaient dû servir quelque part, témoin les bouts pourris coupés. Deux autres ouvriers pliés en deux faisaient quelque chose, conformément aux instructions que leur donnait Khabalyfuine avec des signes de ses bras courtauds.

Fédor Mikhéévitch s'approcha et vit qu'ils fichaient des pieux en terre, mais en trichant, pas en ligne droite, non, en mordant insidieusement sur la parcelle voisine, de façon à prendre le maximum de terrain pour l'Institut et en laisser le minimum au collège.

— Dites, Vsévolod Borissovitch ! Soyez donc honnête, je vous prie ! Mais qu'est-ce que vous faites ? s'écria le directeur ainsi dépouillé. Des gosses de quinze-seize ans, ça a besoin de respirer ! de s'ébattre ! Où est-ce qu'ils vont passer leurs récréations ?

Khabalyguine était justement en train de prendre pied sur un point stratégique qui déterminait le tracé de la dernière ligne de son astucieuse clôture. Les jambes campées de part et d'autre de la future frontière, il levait le bras lorsqu'il entendit Fédor Mikhéévitch qui accourait tout contre lui. Et, dans cette position, la paume tendue dans le prolongement du visage, Khabalyguine tourna un tout petit peu la tête (de toute manière, son cou et sa nuque étaient si gras qu'il lui était impossible de la tourner beaucoup), il souleva un tout petit peu ses bajoues et sa lèvre supérieure, découvrant ses canines, et grommela :

— Quoi ? quoi-quoi ?

Sans attendre la réponse, il se détourna, vérifia l'alignement en allongeant la main, corrigea la position d'un des ouvriers en abaissant ses quatre doigts et, brandissant son bras courtaud, il fendit une fois pour toutes l'air.

On eût dit qu'il ne fendait pas seulement l'air, mais aussi la terre. Non, il ne l'avait pas fendue, il avait eu le geste de celui qui tracerait je ne sais quelle grande piste, d'un chef d'armée de l'Antiquité qui montrerait le chemin à ses légions, de premier capitaine qui aurait enfin mis le cap sur le pôle Nord.

Une fois seulement sa mission accomplie, il se tourna vers Fédor Mikhéévitch et lui expliqua :

— Il le faut, cher camarade.

— Comment, il le *faut* ? s'exclama Fédor Mikhéévitch au comble de la fureur et secouant la tête ! Pour le bien de la cause, n'est-ce pas ? C'est cela ? Attends un peu ! cria-t-il en serrant les poings.

Et, incapable de parler, il fit demi-tour, rejoignit la rue à grandes enjambées, marmonnant :

— Attends un peu, porc ! Attends un peu, goret !...

Les ouvriers apportaient les poteaux.

TABLE DES MATIÈRES

Préface 7

La maison de Matriona........................ 11
L'inconnu de Krétchétovka 63
Pour le bien de la cause 139

Achevé d'imprimer en octobre 1985
sur les presses de l'Imprimerie Bussière
à Saint-Amand (Cher)

Presses Pocket
8 rue Garancière
75006 Paris
tél. 329 12 80

— N° d'édit. 1920. — N° d'imp. 2473. —
Dépôt légal : octobre 1982.

Imprimé en France